仕事が速い人の8つの習慣

山本憲明

廣済堂新書

はじめに

初めに告白しますが、私自身はもともと、「仕事が速い人」ではありませんでした。正直に言うと今でも、自分のことを「仕事が速い人」だとは思いません。でも、「仕事が速い人」になるためにどうすればいいか考え、「仕事が速い人」になるためにいろんな工夫をしてきた、という点では負けないと思っています。

ここで少し断っておきたいのですが、「仕事が速い人」というのは、単に仕事のスピードが速い人ではないと私は考えています。単にスピードを速くするだけなら、誰でもできます。仕事の速さを保ちながら正確にやることや、信頼を得ることや、社会に対して重要な、価値のある仕事をすることが大事なのではないでしょうか。

私は税理士として多くの人（特に、経営者）と接し、文章を書くことで多くの人から意見をいただいています。また、本やネットなどを通じて多くの人の意見を見聞きします。そこで感じるのは、いまだに、「仕事」と「それ以外」という分け方で人生を考えている人が多い、ということです。

「ワークライフバランス」という言葉がありますが、直訳すると「仕事」と「人生」のバランスをとろう、ということではないかと思います。しかし、「仕事」と「人生」は並列で考えるべきものなのでしょうか。私は違うと思います。

「仕事」はあくまでも、「人生」の一部分なのではないでしょうか。「人生」の中に、仕事もあれば趣味もあり、睡眠もあり、食事もあり、家族と過ごす時間もあり、勉強もあるのです。仕事だけを特別視するのはどうか、と思います。

誘われたことを断るときも、「仕事だから」という理由が多く、仕事ならば何でも許されるという風潮があるように感じます。私はそれが嫌で、何とかその風潮を変えたい、と思ってきました。

「仕事が速い人」に関する本を書くことで、読んでくださった人に、仕事に縛られない人生、仕事ばかりにならない人生、仕事を言い訳にしない人生を送ってほしいと切に願っています。

これから紹介する「仕事が速い人の習慣」は、実際にできるものばかりです。ぐうたるはずです。

らな私でもできたものですので、賢明な読者の皆さんであれば、絶対に有効利用できるはずです。

本は、読むだけではもったいないと思います。読んだことを実際にやってみて、もし自分に合うのであればそれを習慣にすることが大事です。読むだけか、実際にやるか。この間には圧倒的な差があります。まずは一つでもいいので、実際にやってみてください。それができたら次の一つをやっていく、そしてまたそれができたら次も、という形で一つずつ実行していってもらえればと思います。そして、「仕事が速い人」になってください。それが実現できるのであれば、著者としては最上の喜びになります。

著者

仕事が速い人の8つの習慣

目次

第三章 朝を活用する

第一章

目標から逆算して計画を立てる

1　まずは大きな目標を立てる

のっけから私事で恐縮ですが、私はこれまでずっと、「大きな目標を打ち立て、その目標を達成するために、いつ何をするかを決める」ということを繰り返しやってきました。その結果として、難関試験に合格することができたり、ゼロの状態から独立して何とか食べていける状態になったり、10万部売れるベストセラー（いや、ベストセラーではなく、ベターセラーかもしれません）の著書を出したりすることができました。しかし、私は本当に普通の人間、完全なる凡人です。そんな完全なる凡人でも次のことで、何かを成し遂げていくことができるのです。

・大きな目標を立てる。
・その目標を達成するために、いつ何をするかを決める。

これを地道にやっていくことで、しっかりと実績を上げていくことができるのです。
本書では、この基本的なことの道筋を示していければ、と思っています。

乱暴に分けてしまうと、世の中には、「逆算思考」と「積み上げ思考」の二つの考え方があると思います。「逆算思考」とは、まず目標を立てるなどしてゴールを決めてしまい、そのゴールに向かっていくために、いつ何をしていけばいいのか、ということを決めること。これに対して「積み上げ思考」とは、とにかく目の前にあることをまずは一つ一つ、キッチリとやっていき、積み上げていきながら結果を出していくという考え方です。結論を言うと、どちらものすごく大事だから、どちらもやっていけばいい、ということになります。私はいつも、「逆算思考」と「積み上げ思考」の両方を意識して、物事を進めています。

これとは別に、「着眼大局、着手小局」という言葉がありますが、これはまさに「『逆算思考』と『積上げ思考』の両方が大事ですよ」、と言っているような言葉です。まずは全体を見て大きな流れを決めてしまう（着眼大局）が、実際に事を行うときは、小さなことからコツコツやっていく（着手小局）という意味がこの言葉にはあります。その両面を併せ持つことから、私はこの言葉が大好きです。

そろそろ具体的に話をしていきましょう。

まず、人生において、「目標を立てる」ことはかなり重要なことではないかと思います。目標を立てずに日々一生懸命、目の前のことをやっていくという考え方を否定はしませんが、目的地が決まらないのに離陸する飛行機はないのと同じように、自分が到達したい目的地や、どうなりたいのかということ、達成したいことなどをまずは決めなければなりません。

目標を立てるときに大事なことはものすごくたくさんあるのですが、私があえて言うとすれば、次の二つに絞られます。
・達成不可能かもしれない大きな目標を立てる。
・人と比べる相対的な目標ではなく、自分だけの絶対的な目標を立てる。
まず「達成不可能かもしれない大きな目標」ですが、どうせ目標を立てるのであれば、〝もしかしたら達成できないかもしれないけど、達成できたら自分にとって価値のある目標〟を立ててみてください。

例えば、「本を出版して（書いて）、１００万部売る」という目標でもいいでしょう。「どうせできない」などと思って、目標を下げてしまうことはものすごく簡単なことです。しかし、１００万部という目標を立てたら、そこに向かって進むことは間違いありません。もしかしたら、出版ができることだけでも、自分にとってものすごく価値のあることなのかもしれません。１００万部は達成できなくとも、10万部は達成できてしまうかもしれません。

このとき、たとえ達成が難しそうな目標であっても、「絶対にできる」と思いながらやっていくことが大事です。結果としてその目標が達成できなくても、自分にとって価値のある結果が出ればいいのです。

それから、人と比べる相対的な目標ではなく、自分だけの絶対的な目標を立てるということの意味ですが、とにかく、人と比べるのはやめましょうということです。「あの人があれだけ活躍して、あれだけ稼いでいるから、僕も私も」と思う気持ちはよくわかります。私もいつもそんな感じで人を羨《うらや》んだりします。
しかし、そんなことをしても意味がありません。人との相対的な目標には、キリがないからです。どれだけ上に行こうが、上には上が必ずいます。それよりも、自分なりの絶対的な目標（例えば、70歳まで病気せず健康に過ごすとか、毎年100万円貯めるとか、何かの賞をとるとか）を立てて、それに向かってやっていきましょう。目標を立てて、そこに向けてやっていくのは自分でしかないわけですから、目標も自分だけの目標でいいのです。

POINT

自分にとって大きな目標を立て、小さなことからコツコツやっていくこと。

2　目標に向かうスケジュールとやるべきことの決め方

大きな、自分だけの目標を決めたら、あとはその目標を達成するために、「いつまでに何をするか」ということを決め、そのためにやるべきことを書き出し、コツコツとやっていくだけです。

まずは、目標に向かうためのスケジュールをどう決めればいいか、ということについて考えてみましょう。何年か前に、『夢に日付を！』という本が売れましたが、確かにその通りで、夢とか目標には、期限が設定されていなければあまり意味はありません。目標に期限が設定されていないと、いつまでに何をやればいいのか、ということを決めることができません。したがって、いつまでたっても達成されない目標、ということになりがちです。

サラリーマンになってすぐのころ私は、英語の試験や仕事上のことでいくつかの目標を立てていたのですが、それが達成されることはありませんでした。〝いつまでに〟ということを設定していなかったので、結局目標を達成するためにやるべきことがあいまいになっていたのです。その後も目標を決めては断念の繰り返しで、パッとしない人生だったのですが、30歳になり、税理士試験を受験しはじめてから変わりました。

税理士試験は、5科目の合格が必要なのですが、1年に一度しか試験がありません。受験をする科目に確実に合格するためには、試験が行われる8月にしっかりと照準を絞って計画を立て、その計画を着実に実行しなければダメなのです。税理士試験に確実に合格していくため、私はとにかく「計画を立てて、実行していくこと」の鬼になりました。

具体的には、8月に行われる試験に合格するために、前年の9月から（一度受験した科目は、12月の合格発表を待った後の1月から）勉強をしていくわけですが、9月～12月を基礎期、1月～4月を応用期、5月～7月を直前期というように三つに分け、それぞれの時期にまず何をするかを決めていきます。そして、その期を月ごとに区切り、9月にはこれをやり、年明けの1月になったら応用期だからこれを、5月は直前期だから計算問題をやりまくる、などとスケジュールを決めていくわけです。

試験本番は8月ですが、毎月がその本番に向けた締め切りのようなイメージで勉強の計画を立て、それを実行していきました。

また、直前期の7月になると、○日に何と何をやって、○日はこれとこれで、というように毎日のスケジュールも綿密に決めていきました。とにかく、何度試験を受けても合格するくらいのレベルまで持っていくために、計画を綿密に立て、それを確実に実行していくということを繰り返しました。その結果として、働きながらでは短い部類に入る4年で税理士試験に合格することができました。そして、税理士になってからも、様々な仕事において、その経験を生かして、計画をしっかりと立て、それを実行するということを繰り返してきています。ビジネス書を10冊以上も出版させていただけているのは、その計画と実行の繰り返しが効いているのかもしれません。

私の経験談が長くなってしまいましたが、ここで改めて、具体的なスケジュールの決め方について考えていきましょう。

まず、目標と、その達成の時期を決めます。目標は何でも構いません。例えば仕事上のプロジェクトを成功させるとか、部長になるという目標でももちろんいいですし、資格試験に合格する、独立して年収1000万円を達成する、などでもいいでしょう。どんなことであっても、達成したいことと時期を決めていきます。時期については、年月日でもいいのですが、2018年末までとか、35歳になるまでとか、そんな感じでもいいでしょう。

例えば仮に、2020年末までに独立して、年収1000万円を目指す！　としましょう。（あまり年収だけにこだわるのもよくありませんが、まあよくある感じとして……）

今が2014年末だとすると、期日まで丸6年あることになります。たとえば半分の期間である2017年末までに独立し、2018年は500万円、2019年は750万円などと計画を立てます。そして独立するまでの2015年には何をやって、2016年末までに何をすれば独立できるか、などの道筋を、逆算して自分なりに考え、それを記録しておきます。

たとえ現時点では現実離れした目標であっても、必ず目標の期日を決め、それまでの期間を細分化していくのです。それをやれば、今日何をすべきなのか、そして今月どこまでやって、○月までにはこれを終わらせる、などといった具体的な計画が立てられます。

具体的な計画を立てたら、あとはその計画達成のためにやるべきことを毎日リストアップして、やっていくだけです。私の場合は、まずノートに中長期（7年くらいまで）の目標を書き、年ごとにその目標達成のために何をするかを書き、さらに今年は月ごとに何をやっていくか、という感じで計画を書いています。それを週→日とブレイクダウンしていき、では今日何をすればいいのか、ということをすぐに決められるようにしています。

そうやって、大きな目標からブレイクダウンして計画を立て、何をするかを決め、その決めたことをコツコツやっていけば、必ずや目標が達成できると思ってやっています。

POINT

目標達成時期までの期間を細かく分けると、やるべきことが見えてくる。

3　計画を着実にこなしていくための具体的方法

大きな目標とその期日、そしてその目標を達成するためにいつ何をやるか、ということを決めたら、それを実行していくことになります。この項では、決めた計画を着実に実行するためにはどうすればいいか、ということについて考えてみましょう。

前項で書いたように、毎日の計画は目標達成時期から逆算していって、年↓月↓週↓日というようにブレイクダウンしていきます。そして最終的には、「今日何をやらなければならないか」ということを明らかにします。実際は、「今日やること」ではなく、「明日やること」として、前日の夜までにリストアップしておくのがよいでしょう。

毎日やるべきことについては、様々なこなし方があると思います。例えば、紙に5～6個くらい、「今日やること」と書き出して、上から順番にやっていく。終わったらチェックをつけていく、という方法があります。これはシンプルでとてもいい方法ではないかと私は思います。一日にできることはそれほど多くないのですが、どうしても人は欲張りで、一日にたくさんのことをやろうとします（私などはその典型かもしれません）。そして結局、やろうと思っていたことの全部をこなすことができず、それに対してストレスを溜めてしまいます。だから、「一日にやることを極力絞る」というこの方法はとてもよいです。「少ない事項に集中することが大事」という意味からも、いいのではないでしょうか。

それから、この方法であれば、もし首尾よくその5〜6個のタスク（やること）が早めに終わってしまったときは、好きなことをやったり読書をしたり、芸術の鑑賞などを行ったりして、明日以降への英気を養い、集中力を高め、人としての幅を広げるようなことも可能になります。

ただ、高い目標をある程度短い期間で達成したい、と思っている人にとっては、このやり方はあまり良くないかもしれません。というのも、一日に5〜6個しかタスクをこなさないわけですから、どうしても達成に向けての進度が遅くなってしまいます。「もっとやれるのに」などという、機会損失のような話になってしまうかもしれません。

それらを踏まえて、私がやっている方法をご紹介しましょう。

私は、次の日にやるべきことをあるツールに入力しています（そのツールは、後でご説明します）。「やること」として書き出す項目は、大きく二つに分かれます。一つ目は、大きな目標を達成するために、毎日やるべきこと。これは〝時間管理のマトリクス〟としてよく言われる、タスクを緊急度と重要度で四つに分類したうちの、「緊急でないが、重要である」と言われる領域のタスクです。目標につながることは、コツコツと毎日やるようにしています。それから、二つ目は、期限が決まっていて、やらなければいけないこと。強いて言えば、右の分類でいうところの「緊急だが、重要でないこと」にあたります。この2種類のタスクを書き出して、やるようにしています。

使っているタスク管理のツールはエクセルで管理できるものです。もともとは「TaskChute」という、ネット上で配布されているツールです。

(http://shigotano.info/mbr/taskchute2/paypal.php)

有料なのですが、もしよかったらダウンロードして使ってみてください。無料お試し版もありますので、まずはそちらを使ってみてもいいかもしれません。

このツールのいいところは、タスクごとの時間が計算でき、すべてのタスクを完了する時刻がわかることです。タスクごとに、大体かかる時間を入力していくと、今日の作業が何時何分に終わるのか、ということが表示されます。

すべてのタスクが終了する時刻というのはとても重要で、またのちほど述べますが、大事なポイントである「仕事を終了する時刻を決めておく」ということにも対応できます。

このタスク管理ツールを使うと、ダラダラ残業することなく、決めた時間に仕事を終えることができます。仕事が押して、少しずつ延びていってしまうこともあるのですが、そのバッファーもあらかじめ計算しておけば、仕事を終える時間を早めることができます。

「緊急でないけど、重要なこと」については、あまり焦って前倒しにやろうとせず、毎日ほんの少しずつ、コツコツと続けることが大事です。打ち上げ花火のように初めのうちに盛り上がって頑張ってしまうと、得てして長続きしないものです。

「人生は短い」とよく言われます。しかし、私は「人生は長い、人生の終わりにピークを持っていく」という考え方をしています。そのためには、焦らずコツコツ、毎日続けてやっていくことが大事なのです。

毎日コツコツ、ずっと続けてやっていくことの効果は偉大です。まさに「振り返ってみれば」「気づいたら」ここまでよくやってきたな、という感慨にかられることもよくあります。

上手くツール等を使いながら、毎日コツコツ、長い期間をかけてやっていきましょう。

POINT

その日にやることを「緊急度」「重要度」で分けてみる。

4　計画は何度でも立て直してよい

大きな目標を打ち立て、それを実行するための計画を立てる。そして、コツコツ実行していく。これが、ここまでの流れです。しかし、人間はそんなにすべてのことを上手く進めることができない動物です。どうしても、計画通りに物事が進まず、自分のことが嫌になってしまうこともあるでしょう。そんな時にどう対処するかで、その後の人生が変わると私は思っています。

計画通りに物事が進まないと、自分で決めた期日までにその「やると決めたこと」が終わらないことがわかってきます。そうなったときに、「もうやめた！」などと言って、あきらめてしまう人が結構多いのではないでしょうか。

でもそんなことをしていたら、やると決めたことを一生できません。一生、目標を達成することもできないでしょう。

そんな時は、どうすればいいのか。簡単です。見出しにもあるように、「計画を、何度でもいいから立て直す」のです。実は、これが目標を達成するためのカギ、そして一番大事なことではないかと私は思っています。

私は税理士試験の受験生だったときに、「計画を何度も立て直すことの重要性」に気づきました。税理士試験は８月に行われるのですが、その試験本番の８月を目指して、計画を立てていきます。例えば今が９月で、12月までにA項目を１００やる、などと決めていきます。

しかし、仮に、10月が終わってもA項目が20しか終わっていないとしましょう（当初の計画では50終わっている予定）。この場合、残りの80を何とか12月までに終わらせることができるように、11月の頭に再度計画を立て直すのです。11月に40、12月に40を何とかできるような計画を立てます。

そして、11月が終わってもまだ50しかできていない場合、再度12月の頭に、何とか今月中に50が終わるような計画を立てます。

この場合、当初は１か月に25ずつやっていく計画だったのが、倍の50を１か月でやらなければならないことになってしまいます。そうすると、それをやることで他の事に影響が出てくるかもしれません。そういった場合は、そのA項目を終わらせることが本当に価値の高いことなのか、そして、それ以外のやるべきことには影響がないのか、そういったことを考えながら計画を立てていきます。

仮に10月の段階でA項目が20しか進んでいない、でもよく考え直したらA項目は特にやらなくても問題ない、そんな場合もあるかと思います。

そんな時は、A項目を躊躇《ちゅうちょ》なくやめてしまうという選択肢もあるのです。

計画を立て直す際には、その一つ一つのタスク（やること）だけではなく、それをやることによって他の事に影響がないか、ということも併せて考えていかなければなりません。

「自分にとって価値の高いこと」とか、「やることで、将来に対する効果が高いこと」などを選んでいきます。そして、その選ばれたものをいつまでに、どれくらいずつやっていくか、ということが重要なのです。

私は計画をキッチリ立てて目標に向かっていくことが好きなのですが、その一方で、「計画なんて、その通りになんて絶対に進まない」と思っています。

だから、ある程度の時間が経って、なかなか思い通りに進まないときは、気持ちを切り替え、思い切って計画を立て直し、その残された期間内に計画を終わらせることを考えます。これまでずっとそのようにやってきて、何とかここまで来ています。

「一度立てた計画を立て直すなんて、嫌だな」などと思ってしまったら、一つ一つのことを確実に完遂していくことはできません。思い立ったらすぐに計画を立て直し、何とか決めた時までに完成させる、そんな柔軟な考え方でいいのではないでしょうか。

POINT

計画通りに進まなくても気持ちを切り替えて計画を立て直す。

5　前倒しの日程を組んでおくことで可能性が広がる

前項で、「思い通りに進まないときは、思い切って計画を立て直し、期日までに終わらせるようにする」といったことを書きましたが、本当は、それをしなくてもいいように、「あらかじめ前倒しで計画しておく」ということも大事なことです。

だいたいのことが計画通りに進まないわけですから、前がかりで、自分のキャパシティを少し超えてしまうくらいの計画を立てるべきだと思います。

自分がやっていける分量の計画を立てて、それを確実にこなし、毎日つぶしていくという方法もあります。それだと、「計画通りにいかない！」といったストレスを感じることがないので、スムーズに仕事が進むかもしれません。でも、初めから確実にこなせるような計画というのは、自分が頭に描ける範囲内での常識的な計画となり、それをこなせたところで、何も起きません。

自分のキャパシティを超えるかもしれない計画を設定することで、それをこなしていけたとき、自分が想像していなかった何か、未知の能力が発揮されるなどのことが起きるかもしれません。

仕事とはちょっと違いますが、私が体験した税理士試験について話をしてみます。私は働きながら受験したのですが、受験をする前にいろいろな本を読み、税理士試験の情報を収集しました。だいたいどの本にも、「働きながらだと、5年以上はかかる」と書かれていました。税理士試験は5科目に合格する必要があるのですが、1年1科目のペースで勉強をしていこう、と大体どんな本にも書かれていました。

しかし、一冊だけ、「働きながらでも3年で合格できる」と書かれていました。私はその本を信じて、3年で合格する計画を立てました。実際にはあと1年余計にかかってしまい、4年での合格になりましたが。

もし「働きながらでも3年で合格できる」という本と出会わなければ、と思うとぞっとします。1年で1科目、着実に受かっていくというやり方だと、1年に1科目しか受けない場合が多いでしょう。実際に本に書かれていたのもそういったやり方を勧めるものが多かったです。その方法で受験すると、その科目でちょっとミスをして不合格になってしまうと、また来年、ということになってしまいます。試験は水もので、どんなに勉強してどんなに模擬試験などの成績が良くても、本番で緊張してしまったり、体調を崩したり、考えられないミスをしたりして落ちる人はいます。

3年で5科目合格するには、毎年複数科目を受験する必要があります。複数科目を受験すると勉強時間が倍近くになり大変ですが、単純に倍にならないようにする（相乗効果を利用する）方法もあります。大事なのは、短い期間で合格すると決めてしまうことなのです。3年で合格する！　と決めれば、遅くなっても5年で合格できるでしょう。5年で合格する！　と決めれば7年とか8年かかってしまう可能性だってあります。

この例からも、前倒しで計画していくことが、いかに重要かがおわかりいただけるかと思います。

試験の話で、あまり関係ないじゃないかと思われたかもしれませんが、普段の仕事でも同じです。大きな目標を立て、それを達成するための計画を立てよう、というお話をしていますが、その達成のための期間は、なるべく短くした方がいいのです。つまり、達成のための計画を前倒しで立てるのです。前倒しの計画を立てておけば、もし何らかのトラブルでそれがうまく行かなかったとしても、普通に仕事を完了することができる可能性が高くなるのです。

普段の仕事においても、「なるべく前倒し」ということを忘れないようにしましょう。10日後に仕上げればいい仕事であっても、なるべく5日後くらいまでに仕上げるように計画を立てます。そうすれば、少し遅れても何の問題もありません。

計画の段階で、すべての仕事が期日ギリギリになってしまうような計画しか立てられないようなときは、完全にオーバーフローしてしまっていると考えていいでしょう。そういった場合は、根本から今抱えている仕事を精査して、減らせないかどうかを考えなければなりません。そうでなければ、前倒しの計画は立てられるはずです。

「前倒しで計画をしている」という前提があれば、少々遅れてしまってもストレスに感じることはないかと思います。

私も常に「計画は前倒し」と考えてやってきました。実際には全く前倒しでできない仕事もたくさんあるのですが、それでも期日には間に合います。また、前倒しの計画を立てることで、実際に前倒しで達成できてしまったことも数多くあります。
慎重になりすぎず、「計画は前倒しで」を合言葉に計画を立てていってください。

POINT

計画を前倒しで組むことで仕事にも気持ちにも余裕が生まれる。

6　残業を前提に計画を立てない

「残業」が社会問題になることが多くなってきています。残業代が出ないサービス残業ばかりやらせる企業を「ブラック企業」と呼んだり、政府が「新たな労働時間制度」というものを提案し、労働時間でなく成果で給料を決めるべきだ、と言ったりしています。この制度がサービス残業につながるとして、反発も出ているようです。

私はもともと、「残業しない派」でした。社会人になり、初めて配属された職場は技術的な仕事をする部署だったのですが、ほとんどの人が残業をして、徹夜などということも常態的に行われていました。私もその職場に配属になってしばらくしてからは、残業をするのが当たり前になり（だって、ほとんどの先輩たちが残業をしていて、なかなか帰らないわけですから、帰りにくかったのです）、もちろん徹夜をすることもありました。残業代もキッチリもらえますし、先輩たちと会社の近所のレストランに行って、夜食を食べるのが楽しかったりして、残業するのがいいこと、残業するのがカッコいいなどと（今思えばアホなことですが）思っていました。

そして、休日出勤も普通にしていました。休日にも多くの人が会社に来ていて、解放感からか、談笑しながらダラダラと仕事をしているような雰囲気がありました。

その職場では、「残業をすごくする人は出世する（階級が上がっていく）」、逆に言うと「出世する人はみんな残業を多くする人だ」といった雰囲気があり、実際の人事も、そのような部分が多かったように思います。

しかしよくよく思い出してみると、夜の残業時間とか休日の仕事場は、先ほどもちょっと触れましたが、「ダラダラした雰囲気」だったような気がします。もちろん集中して仕事をしている人もいましたが、大概の人は談笑しながら仕事をしていたように感じます。上司（えらい人）がいないという解放感からかもしれません。当時はまだ黎明《れいめい》期だったインターネットを熱心に見ている人も多くいたようなことを思い出します。さらに、「残業代がないと生活できない」などと言っていた人もいました。確かに私も、残業代目当てで残業をしていたこともあったような気がします。

その後私は税理士試験の勉強をはじめました。勉強をするために定時に会社を出なければならない日も週に何日かあり、いやがおうでも定時で帰るために工夫して頑張らなければいけないことになりました。その時私は思いました。「これまでなんてゆるく仕事をしていたのだろう」と。

残業することが前提で仕事の予定を組むと、どうしてもゆるくなります。終電までに帰ればいいということで、「今日はここまでの仕事を何時までにやる」といった計画を立てることがありません。だから、仕事が順調に速く進まなくても、「まあ、時間があるからいいか」ということになりがちです。

しかし、終わりの時間が決まっていれば、キッチリと計画を組み、無駄なく仕事をしていかなければ終わらないので、結構なプレッシャーがあります。時間があまり無いことで効率化にも敏感になりますし、無駄な仕事をしなくなります。

「無駄な仕事」は、本当にたくさん存在しています。これまでの慣習から意味も考えずにやっている仕事、その仕事をやめると上司から怒られるからやっているだけの仕事、効率が悪いのに、決められた手順でやらざるを得ない仕事。

自分が今抱えている仕事をすべて見直してみてください。そうしたら、「やらなくてもいい、無駄な仕事」がたくさん出てくるのではないかと思います。そういうのを削って、もっと効率よくできる仕事、役に立つ仕事をしていけばいいのではないでしょうか。

そうすれば、「残業前提」で仕事をすることもなくなってきます。

また、「残業する人が偉い」的な考え方は、最近は駆逐されつつあるような気がします。定時内で仕事を完璧にして、さらにキッチリと成果を出す人が、これからは求められてくるのではないかと思います。

また、残業をせずキッチリと仕事を終えて定時に帰れば、いろんなことができます。仕事のスキルを上げるために何かを習ってもいいと思いますし、新しい事業を考える時間をとってもいいでしょう。もちろん、映画を見たり本を読んだりスポーツをしたりと、自分の趣味とか人生を充実させることをやっていってもいいでしょう。

人間は、それほど強くない生き物です。一定の時間できっちり仕事をし、仕事以外の時間はリフレッシュして、明日に備える。それでいいのではないでしょうか。そうしなければ、仕事は続きません。

まずは、あなたの頭の中で「残業するのは当たり前」という考え方を取り除きましょう。その上で、時間内で仕事をキッチリ終わらせる工夫をすること、そして時間外は、リフレッシュや自分の趣味、将来に向けての何かをしていくこと。人生はそれができて初めて充実していくのではないかと思います。

「今の職場では、人数不足などで、どうしても残業せざるを得ない」という人もいると思います。みんながみんな、ダラダラ残業をして残っているわけではないと思います。

そういった場合は、残業はするけれど、「退社時間を決めて仕事をする」ということをやってください。20時なら20時に帰る、と決めて残業するのです。それだけでも、変わってくると思います。

時間内、もしくは残業をしたとしてもなるべく早めの時間に仕事を終える習慣ができれば、「仕事が速い人」の仲間入りです。必ずや、そういうあなたが認められる日が来るはずです。信じてやっていきましょう。

POINT

終わりの時間を自分で決め、時間内で仕事を終わらせる工夫をする。

第二章

完璧を目指さない

1　仕事を抱え込まず適度に人に振っていく

この章では、具体的な仕事の進め方を考えながら、仕事が速くなるコツを探っていきましょう。まずは、「仕事を抱え込まない。人に振っていく」という大事な話をしたいと思います。

「自分でやった方が速い症候群」という病気があるようです。私もこの病気に何度罹患したかわかりません。もちろん、自分でやった方が速いことは事実です。その仕事を何度もして慣れていれば、絶対に自分でやった方が速くできます。

しかし、誰かにその仕事を振って、やってもらわなければ、その仕事はずっと自分がやらなければなりません。一生涯をかけてやるべき仕事であれば、それはそれでいいのですが、そんな仕事ばかりではないでしょう。自分が「速くできる」という仕事なのであれば、他人がやっても、少し熟練すれば速くできるようになるはずです。「自分にしかできない」などと、過信しないようにしましょう。

　仕事を振って、他の人にやってもらうのは意外と大変です。自分なら何も考えずにできることも、やったことのない人にとっては、全くやり方がわからなかったりします。それを教えてあげなければなりません。その、教えてあげる時間がもったいなかったりします。仕事を振る相手も千差万別です。優秀で、こちらが何も言わなくてもすぐに理解してくれて、仕事を完璧にしてくれる人もいれば、手取り足取り教えてあげなければできない人もいます。特に後者の人に仕事を振るのは、結構面倒くさいものです。

　しかし、それを乗り越えて、少しの時間をつくり、仕事を振らなければなりません。そうしていかないと、将来はないといってもいいでしょう。

　もう手馴れてしまった作業をずっと、短時間で終わるとはいえ続けているようでは、自分のスキルも上がっていきません。そして、いつまでも同じことをして、いつまでも同じところで立ち止まっていることになります。人間は成長しなければ面白くないと私は思います。少しずつ成長していって、自分を変えていく。これでこそ人生が面白いと思っています。だから、慣れてしまった仕事は人に振り、自分は脱皮をしていく必要があるのです。

「それだと仕事を振られた人は進歩がないじゃないか」と思われるかもしれませんが、そうではありません。仕事を振られた人は、その仕事を完璧に速くできるようになって、また次の人に振っていけばいいのです。そうやってみんなが成長していくのが理想だと思います。

先ほど書きましたが、私自身も「自分でやった方が速い」症候群に罹患していた人間です。サラリーマン時代から、仕事時間を短くするために、効率化して手順を考え、仕事をしていました。自分が工夫をして作り上げた仕事（の手順）を人に明け渡すのが惜しい気持ちもあり、仕事を抱えこんでいたこともあります。

しかし、ある時期に「それでは成長はないな」ということに気づき、気を入れ替えて仕事を徹底的に振るようになりました。その結果として、自分の時間ができ、新しい仕事にチャレンジすることができ、その積み重ねで成長することができたと思います。

今の税理士の仕事も、初めは全部一人でやっていました。しかし、あるときに、「多くの仕事をスタッフにやってもらって、自分は新しいことをしよう」と決めました。それからは、スタッフにどんどん仕事をやってもらうようにしました（決まり上、税理士しかできない業務があり、それはキッチリ私がやっていますが）。

そうしたところ、私に時間が生まれました。その生まれた時間で新しいことをやるようになりました。このような執筆活動もそのうちの一つで、これは私が抱えていた仕事をスタッフにお願いしたおかげでできているものです。その意味では、スタッフに大いに感謝しなければなりません。

このように、新しい仕事をしていくことについては賛否両論あると思います。自分の仕事を全うしろ、という人もいるでしょう。しかし私は、生きているこの瞬間に、自分がやりたいことや好きな事、得意な事をやっていくことが人生を楽しくする秘訣だと思っています。だから、ただ処理をするよりも、新しいことをやっていくことが大事ではないでしょうか。

単純作業などの仕事を振られたスタッフも、それをまた新しい人にお願いして、自分は新しい道を切り開いていけばいいわけです。その繰り返しで仕事社会が成り立っていき、全体が成長していくと言っても、過言ではないと思います。

「自分がやった方が速い」、これは事実でしょう。しかし、それを承知の上で人に仕事をお願いし、自分は脱皮をするように新しくなっていく。これが人生を楽しむための秘訣ではないか、と大げさかもしれませんが私はそう思っています。

POINT

何でも自分で抱えこまずに、人の手を借り、重要なことに集中する。

2　先人の知恵を借り経験に頼る

　仕事をしていく上で、先ほども書いたように自分でスキルを上げて、手順を考え、熟練させていくことはとても大事です。一方で、これまで培《つちか》ってきた先人の知恵や経験を借りるということも非常に大事なのではないかと思います。

　職場において、中堅になってきて部下ができたりすると、責任感も出てきて、「自分で何とかしなければいけない」と思いがちになります。そうなると、上司や先輩などに仕事のやり方などのことで相談したり、意見を求めたりすることがやりにくくなります。「自分も部下を持つ身」「偉くなったんだ」などというプライドが邪魔をするのでしょうか、人の意見をなかなか聞かなくなる人も多いようです。

　しかし、それでいいのでしょうか。私は、それでは非常にもったいないと思います。せっかく先人が築いてきたことを教えてもらわず、自分なりのやり方だけでやっていくことには危険性すらあるのではないでしょうか。

先人の知恵を借りて、有効に使うことで自分自身のスキルがアップしていき、さらに信頼を身につけることができるでしょう。

もともと人間は、何でも真似て生きてきたはずです。例えば幼少時は、(本能ももちろん大部分であると思いますが)親がやることや言うことを見て、真似してきたはずです。本を読むことだって、勉強をすることだって、広い意味では「パクる」行為です。自分が動いて何かを掴《つか》んでいくためには、初めは「パクる」ことでいいのです。そして、パクったものに自分のオリジナリティを加味して、自分だけのものをつくっていけばいいわけです。

職場の上司や先輩方の中には、もちろん優秀で仕事ができて、とてもカッコいい人がいると思います。その一方で、「この人はダメだなあ」と思う人もいるわけです。

優秀で仕事ができる人からは、「やり方」とか「考え方」を学べばいいのではないかと思います。仕事ができて出世をするような人は、物事の進め方とかやり方をよく知っている場合が多いのです。乱暴にまとめてしまうと、「要領がいい」ということになるかもしれません。だから、そういった優秀な人からは、「やり方」を学びましょう。

また、周囲の評価があまり高くない人でも、例えば偏屈で話しにくい人でありながらも、ものすごい技術を持っている人がいます。

そういった、一見優秀に見えない人からは、技術とか知識そのものを学びましょう。そういった人に限って、マニアックで使える知識を持っていたりするものです。

とにかく、プライドなどかなぐり捨てて、上司や先輩、また後輩にも色々と聞いて、参考にするようにしてください。「先人の知恵」＋「自分なりのアレンジ」で、自分だけのやり方を確立して、それをコツコツやっていくのがいいでしょう。自分の経験、自分の知識、自分のアレンジだけでいこうとすると、独りよがりになりがちです。独りよがりにならない「自分だけのやり方」を確立することができれば、絶対に仕事が速くなると思います。

POINT

良いと思った方法は、どんどん真似をしてスキルアップする。

3　優秀な人の真似をする

会社の先輩や上司など、昔からその仕事をしてきた人の経験や知恵を借りるのは大事です。ただ、会社以外のところで知り合った優秀な人、そしてネットや本などで仕事術などを公開してくれている人たちからも、経験や知恵を借りましょう。そういった職場の外の「優秀な人」の真似をすることで、仕事が何倍も速くなります。

私が書いているこのような本もそうですし、ネットを見ても、ブログなどでとても有用な仕事術などの情報を無料で公開してくれている人もいます。そういった情報を、読むだけでなく実際に利用していきましょう。

私自身、昨年刊行された『「仕事が速い人」と「仕事が遅い人」の習慣』（明日香出版社）において、3人の税理士の方の例をふんだんに盛り込みました。

私自身は、それほど仕事が速くないと自分で思っていたのですが、仕事が速いその税理士の先輩方の仕事術を吸収していくことで、実際に仕事が速くなり、前作やこの本を書かせていただくに至ったわけです。

ただ、その税理士の先輩方の仕事術を吸収するときは、決して無料で知識だけをいただこうという気は全くありません。そのうちの二人の税理士の方については、すでに友人的な立場になっていたのですが、ちゃんとお金を払って仕事術のセミナーを受けました。

「何で同業の君が来るのかよくわからない（親しみを込めて）」などとも言われましたが、私自身、別に冷やかしでも何でもなく、心からその先輩方のスキルや仕事術を学びたかったから行ったまでです。セミナーに行き、そのあとその先輩方のブログや本などでしっかりと復習をして、さらにその先輩方が進めるサイトやブログ、本なども読んだりして、仕事術を着実に身につけていきました。そのおかげで、少しは「仕事が速い人」になったといえるかもしれません。

私は自分で仕事をしているので、仕事術などに長《た》けている人と知り合う機会が多いだけなのかもしれません。でも、会社勤めの人であっても、仕事術を学んだり、本やネットの記事を読んだりすることで仕事術を身につけることはたやすくできます。

まずは、本屋さんなどで、仕事術関係の本を探してみましょう。何冊も出ていますし、同じ人が何冊も書いていることがあります。売れていそうな本を選んで、まずは読んでみてください。大概、そういう本を書く人はウェブサイトを運営して、仕事術的な記事を書いていますので、それを毎日読んでいきます。しかし、そのような本や記事は、読むだけではなく、実行することが大事です。騙《だま》されたと思って実際に試してみる、まずは自分でやってみることが大事です。

本やウェブサイトに載っている仕事術などを読む人は多くいますが、それをそのまま信じてやってみる人はあまりいません。だからこそ、騙されてもやってみることが大事なのです。「影響を受けてばかりいる」と思われるかもしれませんが、影響を受けたからといって、別に悪いことはありません。私も他の人から本当にいろいろな影響を受けていますが、それを自分のものにしようと思ってやっていますので、何ら恥じることはありません。

優秀な人が本やウェブサイトで書いていることは、何らかの根拠があること、または自分がやってみてとてもよかったことであるはずです。「人真似」と言われようが、問題ありません。最終的には自分のものにするので、どんどん影響を受けてどんどん真似ていけばいいわけです。それが自分の仕事、自分の仕事術という意味においての血肉となっていくのです。

私がよく読ませていただいている仕事術のウェブサイトのＵＲＬを書いておきます。ぜひ一度見てみてください。（できれば毎日）

シゴタノ！　↓　http://cyblog.jp/modules/weblogs/

EX-IT　↓　http://www.ex-it-blog.com/

POINT

優秀な人の仕事術は、実際に試してみること。

4　重要なこととそうでもないことの見極めをつける

話は少し変わりますが、仕事を速くこなすために重要な〝考え方〟をいくつか挙げたいと思います。まずは、「重要なことと、それ以外を見極める」ということです。これは、仕事を速く進める上でとても大事なことだと思いますので、ぜひしっかりとお読みください。

私は10年以上前に、会計学を学びました。税理士試験の必須科目である「財務諸表論」では、重要な会計理論を学びましたし、経理の仕事においても、公認会計士が行う会計監査に対応しており、公認会計士の方々とまともに話ができるように、会計の勉強を結構しました。

会計の勉強をしているときに、いろいろな原則が出てくるのですが、その中に「重要性の原則」というものがありました。

会計の目的は、企業の財務内容を明らかにして、企業の状況について利害関係者の判断を誤らせないために行うものだから、重要性の乏しいものについては、厳密な処理でなく、簡便な方法でもいいですよ、といった趣旨の原則です。

これを学んでからは、「重要性の原則」といつも唱えながら、都合のいいような解釈をさせてもらい、仕事にも使っています。

例えば、「銀行では、計算が1円合わない場合、計算が合うまで帰れない」といった話を聞いたことがあると思います。銀行の性格上それは仕方のないことかもしれませんが、私たちの仕事においては、それほど厳密な行動は必要がないと思います。仕事をしている上で少し計算が合わなかったり、辻褄の合わないことが起こったりしても、重要性を考えて、影響のないものは無視しても構わないと思うのです。

また、これまでに先輩方が行ってきた仕事や、自分がやってきた仕事の手順において、大して重要ではないのに、これまで慣習でやってきたから、というだけの理由でやっていることなどもあると思いますが、それも「重要性がない」と判断すれば、やらなくてよいでしょう。

ときに仕事においては、枝葉末節の細かいことを求められることがあるのですが、「重要性の原則に照らして」、それほど重要でないことであれば、やらなくても何も問題はありません。

重要性を考えるにあたっては、「将来に影響を及ぼすか否か」について考えてみるのがよいかと思います。何か仕事の手順を飛ばすことで、その影響が将来にわたって残ってしまうようなことは、やはりキッチリやらなければいけませんが、その場だけで終わってしまい、将来に影響のないことについては、手を抜いてもいいでしょう。

また、仕事の手順を考えるにあたって、「重要性の原則」を思い出し、重要なもの、将来への影響が大きいものからやっていく、という考え方もできると思います。

細かい仕事を先にこなして、調子に乗っていくのも一理あると思いますが、やはり重要なことで、将来に影響が及ぶものを先にやっておかないと、もしそれができなかったり遅れたりした場合の影響が大きくなります。仕事一つ一つを「重要性」という観点から眺めて、重要なものからやっていくということは大事でしょう。

偉そうな感じになってしまうので、あまり言いたくはないのですが、私がこれまで一緒に仕事をやってきた人で、「仕事が遅いなあ」と感じるのは、この重要性の観点が抜け落ちている人が多いように感じます。後日全く見ない、全く使わないような資料を延々と作ったり、「そこまで細かく書いても何も変わりないのに」と思われることを細かく書いたりしています。丁寧なことはとってもいいことだと思うのですが、重要性をよく考えて、仕事のスピードを上げていかなければ置いていかれる時代になってしまいました。

繰り返しになりますが、仕事を速く進めるためのコツとして、「重要性をよく考えて、重要性のないことはなるべくしないようにする」というのが、結構大事なのではないかと感じます。

POINT

「重要性の原則」を念頭に、優先順位を考えて仕事をする。

5　完璧を目指さず80%主義でいく

前項の「重要性の原則」とかなり重なる部分もあるのですが、「いちいち完璧にしてから次に進まず、80%できたら次に進む」というやり方も、仕事を速く進めるためにはかなり重要なことです。

仕事とは一見関係ありませんが、私は税理士試験の受験時に、このことが大事だということを実感しました。税理士試験は120分の時間で行われるのですが、どう考えても120分で全部解けないだろう、という分量の問題が出ます。さらに、毎年「こんな問題見たことないよ」といったものが出題されます。税理士試験は競争試験で、上位約10%に入れば合格、というものですので、いかに取れるところを取っていくか、ということが重要になります。

だから、試験が始まったら、まず全体を見て「点を取れる問題」を見つけ、そこからやっていくことが重要になります。

人間は、どうしても完璧を求めてしまう動物なのか知りませんが、大概の人は完璧を求めて、すべての問題を正解したくなってしまいます。その気持ちをグッと抑えて、できないものは飛ばして、解ける問題から答えていくことが本当に重要なのです。私の場合は、問題全体を3回通してやりました。1回目は、ものすごく簡単な計算で答えが出る問題、転記をすれば正解する問題など、ごく簡単なところをやります。そして2回目は、少し難しいけれど、計算などしっかりやれば解ける問題をやっていきます。そこまでできて初めて、難しい問題にチャレンジしていく、という形になります。

1回目の簡単な問題と2回目のまずまず解けそうな問題とを合わせると、大体問題全体の分量の70%~80%くらいになります。ここまでできたらほぼＯＫです。

このように考えて、試験問題を解いていました。

私は税理士試験の受験が終わってからも、仕事でこのやり方をずっとやってきています。ある大きめの仕事があったとしましょう。まずは全体を見通し、どんな作業があるのかを把握します。そして簡単に計画を立てます。そのあと作業開始です。

まず1回目は、すぐにできる仕事からやっていきます。そして2回目に、ちょっと難しいけれど作業をしたり計算をしたりすればできる仕事をやっていきます。そして最後に、時間をかけてやらなければできない仕事をやっていきます。

時間をかけてやらなければできない仕事は、それを完璧にしなければいけない場合もあると思うのですが、ほとんどの場合、そのような仕事を完璧にやってもあまり意味がありません。「重要性の原則」に鑑みて、ある程度のところでまとめてしまうことも大切でしょう。そうしなければ、時間がいくらあっても足りません。

試験でも仕事でも同じなのですが、難解なところに時間をかけてしまうと、簡単にできるところさえもできなくなってしまいます。それでは意味がありません。まずは「大体80％くらい」の出来を目指して、やれるところからやっていきましょう。その方が仕事にかける時間が減り、重要なところや簡単にできるところをより完璧にすることが可能になります。

日本人は、とても勤勉で真面目な人が多いので、何でも完璧を目指そうとする傾向が強いようです。しかし、「80％主義」でいって、ある程度の完成度があれば問題ないことも非常に多いのです。初めから完璧を目指すのではなくまずは80％の完成度を目指し、それでも時間があれば完璧を目指して仕事をする。
そんな感じで仕事を進めていけばいいのではないか、そのようにいつも考えています。

POINT

まずは、やれそうなところからどんどん片づけていく。

6　必要のないことはしないようにする

これも、重要性の法則とか80％主義と似通ったところがありますが、「やらなくていいことをしない」ということは、仕事においてのみならず、大げさに言うと、日本全体としてもっと考えられなくてはならない、重要な課題ではないかと思います。

「仕事を速くする」という面からいうと、「やらなくてもいいことは、やらない」という選択をしていくことがとても大事です。もし上司などからそれをやることをお願いされているのであれば、「その仕事は本当に必要なことなのか」ということを考え、自分で判断し、必要であれば提案して、やらなくていい方向に持っていくべきです。

最悪なのは、就業時間や残業時間を埋めるように、必要のない仕事をすることです。必要のないことをするくらいなら、さっさと終わらせて帰り、自分にとって大事なことをやるべきではないかと思います。

10年以上前、私が経理で仕事をしていたとき、「ＣＤ機の現金補充」という仕事がありました。従業員全員が出張用に、20万円くらいまで借り入れができる口座を持っており、その口座から現金を下ろして出張に行くという形を取っていました。食堂にあるATM機2台とは別に、現金をおろせる「CD機」という機械が4台あり、それに現金1000万円（1台あたり）程度を定期的に、私ともう一人の男性とで補充していくという作業でした。

途中で公道を通る瞬間もあり、大げさですが「いつ襲撃されるか」などと怯えながらその仕事をしていたものでした。

あるとき、あまりCD機が使われていないことを知った私は、CD機に現金を詰める作業がなくなるように、CD機の廃止を上司に訴えました。上司は初め渋っていましたが、CD機がほとんど使われていないデータ（中に入っているレシートの記録などから算出）を見せると、渋々了承してくれました。結局その作業はなくなり、時間が浮くとともに安全面も確保されました。また、CD機がなくなったことによるクレームは1件もありませんでした。

このように、必要のないことを、「昔からやっているから」などの理由でやり続けることが、ままあると思います。こういった一つ一つの作業を検証していき、「本当に必要なのか」ということを見極めて、必要でないことをなくしていけば、仕事の効率はかなりよくなりますし、仕事が速くなり、時間も生まれます。

現在私は、毎日やっていくことをノートやエクセルのシートを使って管理しています。エクセルのシートには、毎日やるべきことが自動的に出てくるようにしているのですが、その毎日やるべきことについて、「本当にこれはやるべきなのか」と考えて、必要のないものは削っていく、という作業を常時しています。これにより、仕事の時間はかなり削られ、速く仕事ができるようになっています。

〝これまでの慣習〟というものは、必ず陳腐化し、古くなっていくものです。やっていることを一つ一つ見直し、「本当に必要なのか？」ということを定期的に考えてください。本当に必要でなければ、除いていきます。そうすると、必要のない作業をすることがなくなり、仕事が速くなります。

「必要のない仕事」は、世の中でどれくらいされているのでしょうか。基本的に、今の労働者は、働いた時間に応じた給料がもらえるようになっています。もちろん成果報酬など違う形の給与体系もありますが、まだほとんどの労働者は、「働いた時間」で評価されています。すると、どうしても時間を埋めるために、「必要のないこと」をしてしまうことも多いのではないかと思います。

無駄を省いて、必要のないことを削っていき、効率的に仕事をして、生産性を高めた労働者がもっと評価されるようになるべきだと思っています。そのような世の中になればいいですね。

POINT

必要ないのに習慣化している仕事がないかチェックしてみる。

7 「石の目」を意識して仕事をする

「石の目」という言葉があります。硬い石を割ろうとするとき、たいていの人は石に適当にノミなどを当てて、力任せに割ろうとするはずです。しかし、硬い石はなかなか割れません。割れないからといってさらに力を入れていくと、手を怪我したりすることもあります。

これに対して、石を割ることに熟練している人（墓石の加工をするような仕事をしている方など）は、どこにノミを当てれば石が割れるかということをよくわかっており、その割れるポイントにノミを当てて、簡単に割ることができます。

石を構成する鉱物の配列によって、実際に割れやすいポイントや方向があるみたいです。それを「石の目」と言います。

仕事をするときも、この「石の目」を意識しながらやるのと、全く意識せずに手当たり次第にやるのとでは、効率も正確性もスピードも、全く違ってくるものです。

「石の目」の実際の例は限りなくあると思いますが、例えば、現金出納帳をつけているとして、1月~12月までを集計した時に、最終的な金額が、出納帳と実際でずれていたとしましょう。その時に、1月から順を追って確認していくやり方もあれば、まずは6月30日の時点でずれているかどうかを確認し、そこで合っていれば7月~12月が間違っているのだからまた半分の9月末で確認する、というように半分に割っていくやり方もあります。

後者のやり方が、「石の目を意識した仕事の進め方」で、このやり方だと間違ったところをすぐに見つけることができます。

私生活においても、「石の目」を意識することで役に立つこともあります。私がよく考えるのは、「バイキング」です。ホテルなどの朝食でバイキング形式のところがよくありますが、順番に手当たり次第にとっていくのが通常だと思います。

私は、まずバイキングの料理が置いているところ全体を見渡して、どんなものがどこにあるかを把握します。その上で、できる限り並ばないような順番を考えて、料理をとっていきます。本当はそこまでする必要はありませんが、仕事を要領よくこなすために、私生活でもそのような訓練をすることがあります。このバイキングのとり方も、「石の目」を意識したものかもしれません。

自分にとっての、もしくは自分だけの「石の目」的進め方というのもあるかもしれません。それを見つけ出して、工夫して仕事を進めていくのもいいでしょう。例えば私は、ビジネス書の原稿を書くときには、まず何が何でも構成を先に決めてしまいます。ビジネス書を書くときは、大体200ページ、一つの項目が4ページで、50項目と決めています（出版社の意向で微調整することもあります）。

原稿を書く前に、何とか50個の項目を捻り出し、（もちろん、50を超えてアイディアが出てくることもよくあります）それを章に振り分けていきます。つまり、初めに本の構成を決めてしまうわけです。そして原則として1日1項目を書いていきます。すると、2か月くらいで原稿を書き終えることが可能になります（締め切りが早い場合はもっとスピードを上げることも可能）。

これが私の「石の目」で、この手順で原稿を書いていくことにより、本書のようなビジネス書を書き上げることができます。

私は原稿を書くときも、勉強をするときも、新しい仕事をするときも、いつも「石の目」を意識して始めるようにしています。まずは、その仕事の全体像を見て、どのポイントをついていくのが一番いいか、ということを考えます。そうすることで、仕事も速くなりますし、正確性も増します。

何か仕事をはじめるときには、まず全体像を見渡して、「石の目」がどこにあるかを考えて、そこを突破口として仕事をやってみましょう。その作業をするだけでも楽しむことができますし、仕事自体も楽しめるはずです。

POINT

困難な仕事は、攻略できそうなポイントを見つけてからスタートする。

第三章

朝を活用する

1 朝を活用するメリットは大きい！

拙著『朝1時間勉強法』（中経出版）や『「仕事が速い人」と「仕事が遅い人」の習慣』（明日香出版社）でも書いたのですが、勉強でも仕事でも、「なるべく朝、多くやる」ということが本当に大事です。人間には〝朝型の生活〟が合っているはずなのです。なぜ朝型が合っているのか、また朝を活用するメリットには何があるのか、考えてみましょう。

私が朝を重視し、朝を活用する理由は、大きく分けて二つあります。まず一つ目は、「朝は集中して仕事ができる」ということ。それから、二つ目は、「朝は、〝締めきり効果〟が期待できる」ということです。

まず一つ目の「朝は集中できる」ですが、これは皆さんも実感されたことがあるのではないかと思います。東京大学の島津明人准教授の研究結果によると、「人間の脳が集中力を発揮できるのは、朝目覚めてから13時間以内」だそうです。例えば朝6時に起きたとすると、19時にはもう集中できなくなってくる、ということになります。「私は夜型で、夜の方が集中力を発揮できる」という方もいらっしゃいますが、一般的には夜よりも、朝起きた直後の方が集中できるはずです。

睡眠はとても大事なものです。日々実感するのですが、睡眠によって、脳がリフレッシュされて、朝はいい状態で仕事ができるのではないでしょうか。パソコンに「ハードディスクの最適化」という作業があります。あれは時間をかけて、断片化した記憶領域を整理していくものです。それと同じような作業が、睡眠時の脳内で起こっているのではないかと思います。とにかく朝は脳がすっきりしていて、仕事に集中できることは間違いないでしょう。

私が以前勤めていた会社では、フレックスタイム制が採用されており、朝は10時半までに来ればいい、と決まっていました。多くの方が、10時半に会社に来て、23時や24時まで仕事をしていました。私もそのような仕事の仕方をしていたことがあります。その時は、20時とか21時とかになると、定期的に眠気が襲ってきたりして、集中力に欠けた仕事をしていたなあ、と今思えば感じます。夜、眠気覚ましに平気で1時間くらい雑談していたことも何度かあります。

その後、税理士試験の勉強を始め、週に何回かは、学校に行くために定時に帰らなければならないことになりました。その時、思い切って朝6時半に会社に来てみました。すると、会社には静寂の空気が流れており（誰もいないから当たり前です）、非常に集中することができて、仕事がどんどん進みました。それ以降は、勉強するにも、急ぎの仕事や大事な仕事をするにも、早朝からやるように心がけました。すると勉強も仕事もはかどり、ミスが減り、仕事もバリバリこなせるなあ、という気持ちになりました。（自分が仕事のできる人になった感じがしました。実際はどうかわかりませんが……）

今でも基本的には朝型であり、原稿を書いたり、考え事をしたりしなければならない時は特に、早朝に起きて静寂の中、誰にも邪魔されずに仕事をしています（ちなみに今朝は普段より少し遅めの5時40分に起き、すぐに仕事をはじめました。現在7時11分です）。

朝は、自分の脳がすっきりしている上に、静寂で周りが静かなため集中して仕事をすることができるのです。このメリットは、もう一生手放すつもりはありません。

二つ目の「朝は、締め切り効果が期待できる」ということですが、朝は始業時間や待ち合わせ時間など、始まりの時間が決められているため、「それまでにやらなければならない」と考え、仕事が速くなる効果があります。

また勉強の話で恐縮ですが、私は試験勉強をしている間、朝早く起き、早朝の電車に乗って通勤し、会社の近くや食堂などで勉強をしていました。仕事の開始時刻が朝8時半と決まっていたため、その前に勉強を終えなくてはならず、短い時間ですが集中して勉強をすることができました。

仕事でもそうですが、たとえば夜に、「終電までに帰ればいいや」などと考え、ゆっくりダラダラと仕事をするよりは、始業時間2時間前に会社に来て、2時間だけ集中して仕事をする方が集中力を発揮することができて、仕事もより進むでしょう。長い時間ダラダラと仕事をするよりは、短い時間で集中してやった方が、体の疲れなども少ないはずです。その結果として、また次の日に仕事をするとき、集中して取り組めるのではないでしょうか。

最近では野球チームなどでも、短時間で集中して練習をやるチームの方が強かったりします。私が関わっている少年野球でも、強豪チームは大概、練習時間が短い傾向があります。ぜひ朝の短い時間で、〝締め切り効果〟を有効に利用して、速く仕事を進めていきましょう。

POINT

朝は集中して仕事や勉強に取り組める。

2　朝、早起きをする方法

私はこのような本を何冊か書いているからか、よく知人などに「朝、起きられないんだけど、どうやったら早起きできるの?」などと聞かれる機会が多いです。その時に答えることはただ一つ、とてもシンプルなことです。その答えをご紹介しましょう。

朝、早起きをするためには、「夜、早く寝ること」これだけだと思います。

早起きができない人（私もこんなことを書いていますが、意外に早起きは苦手で、いつも自分を奮い立たせないと起きられません）は、総じて夜寝るのが遅い。早起きができる人は、早寝の人が多い。これはまぎれもない事実です。

たとえば、仕事やゴルフなど、朝早い予定が入っていてどうしても朝の4時に起きなければならない場合、どうしますか。普段12時くらいに寝ている人でも、なるべく早く寝るように努力するでしょう。それと同じで、毎朝早起きをする人は、毎晩、早寝をしているということなのです。

「夜、早く寝る」、これは、意外と難しいことです。なぜならば、夜には魅力がいっぱいあふれているからです。夜は、大人にとって（もちろん子供にとっても）魅惑のワンダーランド、といっても差し支えないでしょう。

まず、外に目を向けてみましょう。野球やサッカーなどのスポーツは夜に行われていることが多いし、夜の街はギラギラして、あなたを待ち構えています。お酒が好きな人、歌うのが好きな人、踊りが好きな人、そして異性が大好きな人にとっても、夜の街は魅力がいっぱいです。

家にいても、テレビは面白い番組を放送していますし、家族との語らいも楽しい。友人などを呼んだりして家飲み、というのも夜に行われることが多いでしょう。ゲームなども夜やることが多いのではないかと思います。

こう考えると、夜は魅力がいっぱいです。だから、夜更かししてしまうのは仕方ありません……などと書いてしまうと、この本の役割を果たすことができませんので、言っておきたいと思います。

「楽しいナイトライフを捨てる！」

これが、早起きのためには本当に大事なことです。夜は今書いたように楽しいものです。その楽しい夜の時を、思い切ってバッサリと捨ててみるのです。すると、素晴らしいモーニングライフが待っているのです。朝の充実した時間は、何ものにも代えがたいものです。夜を楽しんで朝を寝て過ごすか、夜はバッサリと捨てて、朝を充実させるか、選ぶのはあなたです。でも、やはり朝の充実をとった方がいいと私は断言します。

何かを得たいときは、何かを手放さなければならないものです。ナイトライフは楽しいですが、無為に時間が過ぎてしまい、時間を無駄に使っているというのも事実。賢明なあなたは、ぜひナイトライフを捨て、モーニングライフを獲得してください。

早起きする方法は、他にもあります。一つは、「起きる時刻を意識すること」です。これは普段、皆さんもやっていることかもしれませんが、改めてはっきりと意識することが大事です。それから、起きる時刻だけではなく、寝ることができる時間、つまり何時間何分寝るか、ということを意識することも重要です。例えば今が夜の10時半、起きるのが5時とすれば、「今から6時間半寝て、朝5時に起きる」ということを、寝る前に強く頭にインプットしておくのです。そうすれば、間違いなく5時に起きることができるでしょう。騙されたと思って、一度やってみてください。私も、どうしても早起きしたいときは、こうやって寝るようにしています。人間の体内時計は、意外と正確です。
寝過ごしてしまうときは大概、前日の夜に疲れて朦朧《もうろう》としたまま寝てしまうようなときです。私は、早朝野球をたまにやっていて、その試合があるときは4時過ぎに起きなければならないのですが、前日にしっかり、「○時間寝て、4時10分に起きる」などと意識して寝たときは、必ずしっかり起きることができます。寝る時間が夜の12時に近くなってしまったときなどでも大丈夫です。そうではなく、前日疲れて、無意識の中で寝てしまったときは、たとえ夜の10時に就寝したとしても、起きたら5時だったりすることがよくあります。「寝る前に、起きる時刻と寝る時間を意識する」これを忘れないでください。

早起きするのは、慣れていなければ難しいものかもしれません。しかし、ナイトライフを捨てて、起きる時刻や寝る時間を意識するだけで全然違った人生を獲得することができます。さあ、今日から頑張って早寝をしましょう。そして、朝の充実した時間をゲットしてください。

POINT

ナイトライフを捨ててすばらしいモーニングライフを手に入れる。

3 「朝にやった方がいいこと」を考える

朝、仕事や勉強などの活動をするメリットと、実際に早起きする方法をわかっていただいたと思います。では、「充実の朝」には、何をしたらいいか、ということを考えてみましょう。

「朝に何をやるのが一番いいか」という問いには、いくつかの答えがあり、そのどれもが理にかなったものではあると思いますが、私の答えは「朝は、アウトプットと考え事をしよう！」というものです。アウトプットと言ってもいろいろあると思いますが、仕事においては、原稿などの書き物やプレゼンの資料づくりなどが挙げられるでしょう。メールを書くことなども、できれば集中力がある朝にやって、相手に失礼になることやミスを避けたいところです。

朝の時間にいいアウトプットをするために、一つやっていただきたいことがあります。それは、「夜寝る前にインプットを行い、朝起きたらアウトプットする」というものです。

例えば、明日の朝、何かの原稿を書かなければいけないとします。その原稿をスイイと書くことができるのならば、朝起きてからやればいいのですが、なかなか難しい原稿であったり、書く内容を上手くまとめられなかったりする場合、夜のうちにその内容を軽くまとめたり、それに関する書物や関連書類を読んだりして、インプットをしておいてください。

そして、朝起きてからすぐ、その原稿や資料づくりの仕事に取りかかります。そうすると、夜インプットしたことが整理されて、驚くほど朝のアウトプット仕事が進むことがよくあります。

私は試験勉強をしていた時にこの方法を思いつきました。模擬試験とか実力テストなどの試験問題を朝に解くのですが、夜のうちにその問題に関連する箇所を軽く勉強してインプットしておくのです。そうすると、不思議なことに夜インプットしたことがきれいに整理されて頭の中に入っており、朝はその試験問題がスラスラ解けるのです。

試験本番でも、寝る前にインプットし、朝の試験開始から問題がスラスラ解けるようにしました。合格するためには、私にとって必須の作業でした。

この章の1にも書きましたが、脳で「ハードディスクの最適化」のような作業が、寝ている間に勝手に行われ、寝る前に覚えたことがきれいに整理されて、朝それをうまく取り出すことができた。そんなイメージではないかと思います。これは実際にやって朝スラスラできると、本当に気持ちいいものです。一度試してみてください。

また、朝には、アウトプットの他に「大事なことを考える」ことをやるといいでしょう。

私は、仕事において、「考えること」は、相当重要なことではないかと思っています。与えられた仕事を処理するだけなら誰にでもできます。しかし、仕事について、「考えて、考えて、考え尽くす」ということができる人は、それほどいないはずです。ある一つの課題があれば、それについて静かなところで一人考える。また、来年やること、今年やること、今月やること、今週やること、いつまでに何をやるか。こういった計画を考えることも大事です。それから、自分や会社がどんな方向に進んでいくべきなのか、何をやって何をやめるべきなのか。こういったことも常に考えていくことがとても重要なのではないかと思います。こういった重要な事には、集中できる朝の時間を充ててもらえればと思います。

「朝、とにかく処理をしよう」などという人もいます。その方が合っている場合もあるでしょう。そういう人は処理を朝にしてもらえればと思います。

しかし、朝はどう考えても集中できる時間帯です。そんな集中できる、頭の冴えている時間に、手順が決まっている単純作業のようなことをやるのは、時間がもったいないと感じます。

朝の時間は、できればアウトプットや考えることなど、前向きなことに使っていただければと思います。

POINT

朝は、アウトプットと、考える時間に当てるとよい。

4　朝の1時間が人生を変える

「朝は、アウトプットや考えることをやればいい」と書きましたが、だからといってダラダラとやっていても意味がありません。もちろん、朝何かするのは、夜ダラダラやるよりは効率がいいと思いますが、せっかくならばしっかりと集中して、いい朝の時間にしたいものです。

「朝の1時間だけ」で、人生を大きく変えることは可能です。とにかく朝、1時間だけ集中して、何かをやってみましょう。

私自身、「朝の1時間で、人生が変わった」人間だといえるかもしれません。まずは2000年～2003年ごろ、朝の時間を利用して税理士試験の勉強をし、合格することができました。『朝1時間勉強法』（中経出版）という本にも書きましたが、始業前の1時間を勉強に充てることがなければ、私は試験に合格していなかったでしょう。この税理士試験合格によって、自分で事業を立ち上げることができ、出版などもすることができるようになり、現在に至っています。

本の原稿も、朝の1時間を使って書いています。4万部以上発行の『朝1時間勉強法』もそうですし、10万部に到達した『「仕事が速い人」と「仕事が遅い人」の習慣』（明日香出版社）も、そしてこの本も朝の30分～1時間を利用して、毎日コツコツ積み上げていく、という方法で書いています。『「仕事が速い人」と「仕事が遅い人」の習慣』は、夏休みに家族がNHKで大ヒットしたテレビドラマ「あまちゃん」を見ているときに、私だけ耳栓やヘッドフォン（クラシック音楽を聴きながら）をして書いていたのを思い出します。

毎日、朝30分や1時間以内で何かを積み上げていくのは、結構大変です。「今日は休みたい」という時もありますし（そういう時は、実は休んでいますが……）、「もしかして、これはかなり歩みがのろいのかな？」なんて思ってしまうこともあります。

しかし、終わってから振り返ってみれば、毎日朝少しずつ積み上げてくることはとても偉大だということがわかります。毎日毎日、日が過ぎていって、積み上がっていくのです。日々の歩みはのろいのですが、あとで振り返ったら、驚くくらい積み上がってきているな、といった感じです。

イチロー選手の有名すぎる言葉に、「小さいことを積み重ねるのが、とんでもないところへ行くただ一つの道だと思っています」というものがあります。私は何かをやるときに、この言葉をいつも念頭に置いています。

「毎朝、1時間とか30分だけ、同じことを積み重ねていく」だけで、気づいたらとんでもないことになるということはよくある話です。私たちは所詮、小さい存在です。一人でできることは限られているし、大したことはできません。飛躍するなんてこともなかなか難しいです。それならば、毎日、効率よく仕事ができる朝の短い時間で、同じことを繰り返して、地味な作業をひたすら重ね、気づいたら結構積み重なっていて、自分の自信になるような実績とか結果を生み出すことができれば、いいのではないでしょうか。

「朝、何をやればいいかわからない」という話を聞くこともあります。そういう人は、ぜひ朝の30分でも1時間でもいいですから、必ず読書をすると決めて、本を読んでみてください。本は何でもいいと思います。その積み重ねを毎日毎日、丹念に続けていくことで、絶対に何かが変わるはずです。その本から得られた情報をもとに事業を興してもいいですし、読み込んだ後に「本を書く（著者になる）」なんてこともできるはずです。
また、ある一つの事にハマり、その道の専門家になる可能性だってあります。

よく、小学校で、「朝読書の時間」があります。その時間は短いかもしれませんが、朝の集中できるときに読書を必ずやる、というのは、本当にいいことなのではないかと思います。すぐに効果が表れて、勉強ができるようになるとは思いませんが、長い人生において、必ずプラスになるはずです。

別に読書でなくてもいいのです。あなたも、ぜひ何か、何でもいいので、「朝の1時間（とか30分）で何かを毎日、必ずやる」と決めて、さっそく明日から実行してみてください。
絶対に、何かが変わるはずです。

POINT

毎朝、30分か1時間、少しずつ何かを積み上げる。

5 「ひとり朝活」のススメ

最近（といっても何年か前からですが）、「朝活」という言葉が流行りました。たとえば朝6時半とか7時くらいから、どこかのカフェで人が集まって、読書会をやったり、勉強会をしたりするものです。私の知り合いでも、「朝活」に積極的に参加している人は多くいました。

「朝活」というと普通は、何人かで集まって、話しをしたり勉強会とか読書会などを開いたり、もしくはみんなでランニングしたり、といったものを想像するかもしれません。もちろん、そういった「朝活」も、朝を有効に使いながら交流や勉強ができるという意味では、とてもいいものではないかと思います。

しかし私は、あえて「ひとり朝活」を推奨します。朝活の仲間を集めるのは意外に大変ですし、もし集まったとしても、それを続けていくのは結構しんどいものです。夫婦で朝散歩をする、友人とランニングするなどの計画を立て、何日か続けていたとしても、お互いの気分が合わずにやめてしまうということも多いと聞きます。ならば、自分の意志だけでできる「ひとり朝活」をやってみてはいかがでしょうか。

意識せずとも「ひとり朝活」を実行している人は少なくないでしょうが、ここでもう一度、「ひとり朝活」では何をすればいいか、ということを考えていきましょう。

その前に、ちょっと話がずれてしまいますが、今後の日本において、「ひとり○○」が非常に大きな意味を持ってくる、というお話をしたいと思います。

ある調査によると、2030年には、単身世帯（一人暮らし）が全世帯に占める割合が、37％になるそうです。他の調査では、半数近くが単身世帯になる、と予測しているものもありました。現在の状況を考えると、どう考えても「おひとりさま」が増えていくのは間違いないでしょう。しかも、その「おひとりさま」が、今後高齢になっていくことも間違いのない事実でしょう。

そのような流れの中で、私も「ひとり経営」などといった考え方を標榜してきたのですが、「一人で何かをする」ということが、非常に大きな意味を持ってくるはずです。

もちろん、そういう時代だからこそ、一人でなくみんなで協力し合う、などという考え方も必要でしょう。しかし、誰かといっしょではなく、一人で何かができるようになっていかなければ、孤独感が増し、精神的に参ってしまう人も多くなってくるはずです。そういったことを避けるためにも、「たのしいおひとりさま」といった考え方を持って生きていくことが重要になるでしょう。

さて本題に戻りますが、「ひとり朝活」ではどんなことをやっていけばいいか、そのやり方をお話ししましょう。

結論を言ってしまうと、「ひとり朝活」では、何をやってもいいのだと思います。朝早く起きて英語を勉強してもいいし、何かの資格試験のための勉強でもいいし、朝早くから走ることを日課にしてもいいし、スポーツジムに行ったりしてもいいでしょう。

もちろん、朝早く会社に行って、早いうちになるべく仕事をやってしまうということも大事なことですし、会社に行く前にカフェに寄り、1時間読書をするなんてこともかなり有益なことです。要するに、何でもいいのです。

大事なのは、朝早く起きて、仕事前の時間を何とか確保することと、続けること。これだけです。

　たとえば、毎日朝1時間、早起きして会社の近くのカフェで英語の勉強をするとしましょう（英会話の先生と話したり、自分で教材を聴いたり、いろいろな方法があるでしょう。自宅でも、スカイプで英会話の勉強をしたりすることは可能です）。それを本当に毎日、たったの1時間でもいいので続けることができれば、どれだけ英語が上達するでしょうか。

　毎日毎日同じことを続けるのは大変なように思いますが、慣れれば楽になってきます。朝の時間に何もしないと決めたら、何もしなくても過ごすことができてしまいます。テレビをボーッと見たりすることも可能です。1時間余計に寝てもいいでしょう。でも、ちょっと頑張って、朝1時間を何かにあてるということを毎日繰り返しやっていけば、何度も言いますがイチロー選手のように「とんでもないところに到達する」ことが、本当に可能になるのです。

　早速本をいったん閉じて、「ひとり朝活」で何をしようか、ということを決めてみてください。本当に何でもいいのです。大事なことは、必ず毎日やることと、とにかく続けることです。これだけで、素晴らしい結果が出ることは目に見えています。
さあ、今日から（明日から）「ひとり朝活」を早速はじめましょう！

POINT

これからの時代は、ひとり朝活がますます大切。

第四章

健康第一！

1　仕事が速い人は健康管理をしている

「健康第一」という言葉があります。これは相当な昔から言われてきた真実なのだと思いますが、私も今は本当にそう思います。健康を維持していくことのメリットは、計り知れないほど大きいものです。

まず、健康を維持していくことができる人は、「時間」を生み出すことが可能になります。健康であれば、長く生きることができるのでそれは当たり前のことかもしれません。また、健康でなければ病院に通わなければならなかったり、体調が悪くて何もできない日や時間があったりして、時間を失ってしまうということにつながるでしょう。それから、年齢が高くなってから自分のやりたいことを思いっきりやるためにも、やはり長い間健康でいることが大事になります。そのためには、若いうちからの健康管理が必要になるでしょう。

私が会社に勤めていた時代の先輩は、平日の昼間、仕事の休み時間に毎日ランニングをし、「健康のためなら死んでもいい」という名言を吐きました（今では、その名言はいろいろなところで使われているようですが、私が初めて聞いたのはその先輩からでした）。その先輩は私より10歳ほど年上なのですが、やはり今でも健康に過ごしていて、交流サイトなどで見る限りは、充実した時間を過ごしているようです。その人も仕事は速い人で、しっかり出世もされているようです。

私の知る「仕事ができる人、仕事が速い人」たちは、もれなくみんな健康管理をしっかりしています。

基本的には皆さん早寝早起きで、何らかのスポーツをしています。そして、体調を崩すということがほとんどないように見受けられます。食べすぎで太るという人もおらず、アルコールの摂取をしすぎている、という人もいません。

よくよく考えてみれば、当然のことかもしれません。健康の管理をキッチリとできる人は、当たり前のように仕事の管理もキッチリできているのでしょう。また、健康に気をつけているから実際に健康になり、健康になるから体力も気力も充実して、仕事が速くなります。仕事が速くなれば時間ができて、時間ができれば早く寝ることも可能になり、睡眠時間をキッチリととることができる。また、時間ができれば好きなことをすることができるため、ストレスもあまり感じることがなく、精神的にも健康である。それから、仕事が速い人は情報への感度も高いため、体に悪い食物といい食物を選別することができ、体に悪い食物は体に入れない。だからますます健康でいられます。

実は、「仕事が速い人」には、ほとんどの場合こういった「いい循環」が発生しているのではないかと思います。そして「いい循環」を続けていくと、ますます健康になり、ますます仕事が速くなるのです。

反対に、健康に気をつけていない人は、体調不良で思うように仕事ができなくなって、仕事時間が長くなり、遅くまで仕事をして遅くまで起きて、ますます健康を損なってしまう、という悪循環に陥りがちなのではないでしょうか。

健康に気をつけない→体調が悪くなる→仕事が遅くなる→ますます仕事に時間がとられ、睡眠が削られ、ストレスが溜まる→ますます体調が悪くなる。

このような悪循環に入ってしまうと最悪です。そこから何とかして抜け出す方法を探さなければなりません。というより、そうなってしまった人はそのような循環にも気づくことさえないのかもしれません。

健康な状態を維持していくということは、仕事を別にしても本当に大事なことではないかと思います。私は、いつもすぐに忘れてしまうので、ノートの表紙に「健康第一」と書いています。それくらい大事なことではないかと思います。

POINT

健康管理がしっかりできていれば、時間を有効に長く使うことができる。

2　プライベートの時間を大切にする

「仕事が速い人」ほど、プライベートを大切にしています。これも、「健康管理」と同じく、真実です。私の周りを思い浮かべてみても、ほとんどの「仕事が速い人」が、仕事ばかりでなくプライベートを本当に大切にしています。

私の知る「仕事が速い人」は、毎年10レースほどのトライアスロンの大会に出る人、テニスのレッスンを結構な時間受けて、大会にもひんぱんに出ている人、好きなプロ野球チームの試合に年間60試合ほど見に行く人など、多種多彩です。私も、プライベートの時間を大切にしているという自負はかなりあります。自分自身の野球もやりますし、少年野球の指導のお手伝いもします。それから、競馬が大好きで毎週馬券は買いますし、馬主として自分の馬が走るレースはほとんど応援に行きます。もちろん家族との時間も大切にしています。

「仕事とプライベート」については、これまで多くの議論がなされており、考え方が分かれるところです。その考え方としては、大きく分けて三つになると思います。

まず一つ目は、日によって仕事とプライベートを分けるタイプ。月曜から金曜はとにかく仕事をして、土日は休む、という感じです。

二つ目のタイプは、仕事とプライベートを特に意識せず、仕事が終わったら休むタイプです。会社員の場合は、「仕事が終わるまで残業をし、終わったら帰って休む」と言い換えることもできるでしょう。

三つ目のタイプは、一つ目と二つ目をミックスして、「いつでも仕事とプライベートを切り替える」というタイプです。これは会社員では難しいかもしれませんが、できる場合もあります。

まずは、自分のタイプが何に当たるのかを考えてみましょう。

私自身は、一つ目のタイプと三つ目のタイプの混合タイプといえるように思います。基本的に月曜日から金曜日まで仕事をして、結構遅くまで仕事をしてしまいます。しかし土日は原則的に休みにして、ほぼ野球や競馬に励んでいます。実はプライベートでもあまり休んでいるという感覚はなく、ゆっくりする時間があまりないため、結構疲れます。ただ、息子たちの学校行事などにもよく参加したり、平日でもプライベートな用事で仕事を何時間か休んだりするので、その時その時でオンとオフを切り替えます。午前中は集中して仕事をし、午後は息子の学校行事に行く。そしてまた夕方帰ってきてすぐに仕事モードに切り替え、仕事をする。そんな感じです。

それから私の場合、「プライベート」といっても、仕事につながっていることが多々あります。例えばテニス仲間から仕事の依頼を受けたり、馬主活動にしても事業としてやっていることもあり、「プライベートなことをやっている」という意識はあまりありません。

このタイプがいいのかどうかはわかりませんが、自分ではこれが一番やりやすいので、そういう方法で仕事とプライベートを切り替えています。日曜日にも野球の前にブログを書いたり、自分の会社の経理をしたりするなど、最低限の仕事をすることが結構あります。オンとオフの切り替えが速いという意味では、「仕事が速い人」の条件に合致するのかもしれません。

　このようなスタイルで仕事とプライベートを分けるのは、会社員では難しいかもしれませんが、有休を有効に使えるとか、ある程度勤務時間などに融通が利く場合であれば可能だと思います。

　二つ目のタイプは、「仕事が速い人か？」という観点から考えると、あまり良くないタイプかもしれません。「仕事が終わったら休む」という考えでは、いつ仕事が終わるかもわかりませんので、結局仕事が終わった後はダラダラしてしまいます。そうするとプライベートでやることもこれといってないため、「何時まで仕事をしてもいいや」という感覚になってしまい、ダラダラ延々と仕事をする、ということにもなりかねません。「仕事を終わらせる時刻を決める」というのは本当に大切なことで、それがあるからこそ効率を考え、早く仕事を終わらせようと工夫をするのです。

　どのタイプにせよ、「プライベートな時間を大切にする」ということは、仕事をしていく上で非常に大切です。プライベートな時間を持つことで視野が広がり、心に余裕が生まれます。プライベートな時間が充実すると、「仕事も頑張ろう」と思えてきます。

また、プライベートな時間が仕事につながることも多いものです。仕事ばかりでなく、プライベートな時間でいろいろな体験をすることにより、全く違ったところからヒントを得て、それを仕事に持ってくることもできます。

結局のところ、「仕事とプライベート問題」については、どんなスタイルでもいいので、「仕事をするときは集中する」「プライベートには、キッチリ時間を使う」という感覚でいるのが、「仕事を速くする」ためには一番いい方法なのではないかと思います。

POINT

プライベートの時間は仕事や人生に幅を持たせてくれる。

3　周りに流されない生活スタイルを確立する

「仕事が速い人」の特徴として、「周りに流されない」「自分というものをしっかり持っている」ということが挙げられます。周りに気を遣いすぎて、周りに流されてしまうと、自分なりの仕事のスタイルや生活スタイルが確立できません。自分なりのスタイルが確立できないということは、人に合わせなければならず、その分余計に時間が必要になるということです。他人主導ではなく、自分主導で決めて生きていきましょう。

人は、特に日本人は、生まれたときから成人するくらいまで、大体「他人主導」の人生を歩んでいきます。生まれてから学校に入るくらいまでは、保護者と一緒に行動し、保護者の行くところに連れて行かれます。小学校に入っても同じです。だいたい、保護者や先生、周りの大人の意思のままに動きます。

中学生・高校生くらいになると随分と自分の意思も表しますが、学校に行くということは、保護者や先生、仕組みをつくっている大人の意図のもとに動いている、ということです。一般的に自立して自分なりの行動をしていくのは、18歳以降と考えてもいいでしょう。

このように、生まれたときから長期間、「誰かが決めたレールの上を歩く」「誰かの意図のもとに行動する」ということを繰り返していくので、他人に決定権を委ねるということが染みついてしまいます。

そうすると、自分の意思で動き、自分のスタイルで生活することに抵抗があり、なかなかそれを実現することができません。就職をして会社に入ったとしても、勤務場所や勤務時間は会社に決められて、それに縛られます。自由に自分のスタイルで生活をするということは困難です。だから、「自分で決められない」「人に流されてしまう」というクセがずっと続く人が多くなるのでしょう。

それを脱却するためには、「自分で行動を決める」「自分で生き方を決めていく」ということをあえて繰り返しやっていく必要があります。

「周りに流されない」というのは、非常に大切なことだと私は思っています。だから、なるべく人に行動を決められない、人に行動を制限されないように気をつけています。

他人が決めた何かにそって行動するのは簡単です。何かの飲み会があるとして、それに参加するのは楽ですが、幹事になってその飲み会の場所を決め、人数調整をして、会費を集めることは結構大変です。

それでもやはり、自分の行動や考え方、生き方は自分で決めなければなりません。少々強引であっても、「嫌われてしまうんじゃないか」という不安があっても、自分のことは自分で決め、自分で守っていく必要があります。

人に行動や生活を決められてしまうと、どうしても時間的な制約が出てきてしまいます。「今日は帰ってから読書をしよう！」と思っていても、先輩や上司に「飲みに行かない？」と誘われたら、ついつい行ってしまいます。断ったら嫌われて、そのあとの仕事に差し支えがある、と考えるのが普通でしょう。しかし、そこはあえて断るという選択も必要です。読書をすると決めたのは自分です。なぜ読書をするか、ということには目的があるはずです。読書をして何かを学び、何かを得たいと思うこともあるでしょう。そんな大事な時間を、飲み会のために削られるのはどうなのでしょうか。

もちろん、親睦を深めたり、大事なことを話したりするために飲み会に行くのはいいことだと思います。しかし、自分が何かをしようとするときに、急に横から時間を奪われるということは避けなければなりません。このような場面は日常的にたくさんあるでしょう。こんな時に、断る勇気を持てるかどうかは、結構重要なことではないかと思います。断る勇気を持てる人は、自分の時間を有効に使えて、その時間を将来のために活かすことができる人だと思います。

他人が決めたことに流されるのは楽です。しかし、その楽に溺れるのではなく、自分で決めていかないと、時間がとられてしまいます。時間がとられると、知識やスキルを得る時間が削られます。その結果として、仕事が速くこなせる人にはなれないのです。

仕事が速い人は、必ずといっていいほど自分の時間を大切にし、自分の時間を確保しています。その上で、余った時間は友人たちと楽しむことに充てるようにしています。

他人に支配され、決められて残り時間が少なくなる、ということを繰り返すのではなく、まずは自分の時間を確保していきましょう。

POINT

自分の時間を大切にするためには、誘いを断る勇気も必要。

4 ずっと仕事ができる身体をつくる

近年、「少子化・高齢化」「世代間格差」などが問題になっています。このままいけば年金制度なども崩壊するし、日本も財政的に厳しくなっていく、そんな論調です。もちろん、今のままではそうなっていくでしょう。いろいろな対策が必要になってきます。

ここでは、その対策についてはちょっと置いておいて、そんな日本の未来を見据えた上で、あえて「ずっと仕事をする」という選択肢について考えてみましょう。

私と同年代か少し上の世代、つまり40代から50代の人たちと将来の話をしていると、「年金、もらえるのだろうか」とか、「いくら貯めればいいのだろう」など、漠然とした、それでいてとても大きな不安を抱えているのがよくわかります。みんな、年金制度の崩壊についてはよくわかっていて、年金はほとんどもらえない、もらえたとしても70歳くらいになってから、と考えている人が多いようです。しかし、年金は（ある程度ですが）もらえるはずです。これまで約束された満額にはならないかもしれませんが、年金や税金のような「富の再分配」が大きな仕事の一つである国として、完全に年金制度を捨てることはないはずです。個人的には、年金制度は一旦リセットして、「年齢別共済」などの制度に変えていくべきだと思っていますが、簡単には変えられないでしょう。

　また、私たちより結構下の若い世代（つまり、20代以下）に話を聞くと、もう日本の将来について諦めてしまっており、「どうせ何を言っても無駄」「何も変わらない」という空気が蔓延《まんえん》しているように思います。だから、国民年金の未納率も非常に高いですし、20代の投票率もごく低いものとなっています。

　このような不安はもちろんありますが、悲観する必要は全くありません。人任せで物事を考えるのではなく、「自分がどうするのか」と考えるのが一番大切です。では、このような先行き不安・不透明な時代に、私たちは何を自分で対策していけばいいのでしょうか。

　その一つとして、「一生（死ぬまで）仕事をする」という選択肢があります。死ぬまで、自分が必要とする生活費を稼ぐことができるのであれば、全く困りません。もちろん、大きな病気をしてしまったり、介護の必要が出てきたりすることはあるでしょう。しかし、そのような困った事態には、ほとんど「セーフティネット」が用意されており、贅《ぜい》沢《たく》をしなければ、何とかなるはずです。今の日本で、普通に生活をしていて死んでしまうということはほとんどないといっていいでしょう。生活保護もありますし、どうしても食糧がないときも、何とかなる方法はあります。借金がかさんでしまっても、自己破産などの方法もあるのです。

「死ぬまで仕事をして、稼ぐ」と決めてしまえば、あとは何も怖いものはありません。必要な生活費分を稼いでいけばいいわけです。そんなにずっと稼ぐのは難しい、という場合は、今から準備をして足りない分を貯めていけばいいのです。

一生仕事をしていくためには、まず健康をずっとキープすることが重要です。偏りのない、それほど多くない食事を摂り、適度に運動をし、適度な睡眠をとればいいでしょう。お酒やたばこも控えめに。ストレスもなるべく感じないよう、工夫をしましょう。そういう生活をしていれば、そうそう不健康になることはないのではないでしょうか。不慮の病気や事故は、仕方ない部分もありますが、交通事故については、スピードを出さないとか周りをしっかり確認するとかである程度は防げます。

一生稼ぐために今からやっていくのは、できれば「自分の小さいビジネス」を少しずつつくっていくことです。死ぬまで雇われる覚悟があるならいいですが、そうでない人がほとんどでしょう。そういう人は、自分のビジネスを、小さくてもいいから育てていくべきです。月3万円を生み出すビジネスが10個あれば（5個でも大丈夫かもしれません）、そして贅沢をしなければ、それだけで十分生きていけるのです。もしそれで足りなければ、一つのビジネスを少し大きくしていけばいいわけです。

死ぬまで仕事ができる、稼げるということがわかれば、不安がなくなります。だから、よくわからない不安を抱いて、必要以上に頑張ろうとすることもなくなります。そうすれば時間もできるので、余裕ができ、「仕事が速い人」になることができます。そうなれば、ますます将来にわたって健康をキープできる、という好循環になります。

まずはとにかく、「死ぬまで仕事をして、稼ぐ」と決めてみてください。そうすれば健康に気を遣うことになるし、小さなビジネスを考えて不安をなくすことができるようになるかもしれません。何事も、「無理にでも決めてみて、その方向に向かっていく」

ことが大事なのです。

POINT

健康を大切にし、小さいビジネスを育てて一生仕事すると決める。

5　身体を動かす習慣を持つ

先ほどの項でもちょっと触れましたが、将来にわたって健康をキープしていくことは、非常に大事です。将来とはいわず、いつでも大事です。健康をキープしていくためには、適正な食事や適度な運動が大事ですが、この〝運動〟について考えてみましょう。

健康診断のときなどに問診があり、その問診の準備としていくつかの質問に答えなければならないことがあるかと思います。その時に必ず「運動をしていますか？」という質問があると思います。運動の有無によって、健康に大きな影響があるから、このような質問がされるのでしょう。

これまで、運動と健康の関係についていろいろと研究などがなされてきたと思いますが、「健康のためには、適度な運動が必要である」ということで間違いはないかと思います。

あまりにハードすぎる運動をずっと繰り返していると、それはそれで危険性もあるのかもしれませんが、適度に、例えば週に2、3回、1時間ずつの運動などは体にいいとされています。

私自身も運動を重要視しています。今は、週末に草野球と少年野球の指導、平日の夜などはテニスのレッスン（週1~2回）に行っています。そして、移動時には2㎞くらいまでの距離であれば歩くようにしています。

週末野球をやると、夜疲れて早めに寝てしまいますが、次の日起きたらかなりすっきりしていたりします。そういったとき、改めて健康を感じます。

仕事が忙しかったりしてなかなか運動ができないとき（その状態自体が、「仕事が速い人」という観点からダメな状態ですが……）は、やはり体も何だか鈍ってしまうような感覚があり、だるくなって調子が悪くなりがちです。特に、「ずっと椅子に座っている状態」というのは自分の経験からもあまり良くありません。

実際、ずっと椅子に座っていると、健康に良くないといった話もあります。血流が悪くなり、「エコノミー症候群」のように、ずっと同じ姿勢でいると血栓ができてしまったり、むくみが起きたりするということもあります。私も、椅子にずっと同じ姿勢で座っていると疲れてしまい、仕事がうまく進まないことがあります。そういったときは、無理にでも外に行って散歩などをして体を動かします。するとそのあとはスッキリ、脳も冴えて仕事に集中することができるようになります。

「歩くこと」や「走ること」も、仕事が速いことと関連しているはずです。私自身、歩いているときにアイディアを思いつくことがとても多いのです。歩くと、脳が活性化されるからでしょうか。何か考えることに行き詰まってしまったときは、椅子に座ってウンウン唸《うな》るよりも、外に歩きに行き、一定時間歩いてその間に頭を整理したりします。するとそのあとは、とてもいい感じでアイディアが出たりします。

税理士の受験生のときは、膨大な条文を憶える必要があったのですが、例えば1ページ憶えたらそのあと歩きながら、もしくはランニングしながらその憶えた条文を頭の中で繰り返し回していました。そうすると、その場の風景と文章が関連づけられ、とてもよく憶えることができました。歩いたり走ったりすることによる脳への刺激と、外界に対する視覚や聴覚、嗅覚《きゅうかく》などが刺激されて、脳にいい影響を及ぼすのかもしれません。

とにかく、歩きながらや走りながら、いいアイディアが浮かんだり、仕事上考えなければいけないことを整理できたりすることは間違いないでしょう。

仕事ができる人、仕事が速い人は概して適度な運動をしているものです（結構、ハードな運動をしている人も多いです）。仕事に行き詰まったとき、いいアイディアを出したいとき、そして仕事のことを整理したいときは、ぜひ適度な運動をすることをおススメします。

POINT

運動すると能が活性化して、よいアイディアが生まれ、仕事がはかどる。

6　仕事を終える時間を決めて、よい睡眠をとる

睡眠が仕事の効率と密接に関係していることは、誰もが認めるところでしょう。睡眠不足が続くと集中力がそがれていい仕事ができません。逆に睡眠を適度にとったときは、しっかり集中することができて、仕事がサクサク進むことも多いかと思います。

仕事が速くなるための「質の良い睡眠」をとる方法を考えてみましょう。まず、睡眠時間の長さですが、これは個人差があると思いますが、私個人としていろいろと試した感じでは、6時間か7時間程度が一番すっきりと目覚めることができ、目覚めた後も気持ちよく動くことができます。たまに、短い睡眠時間が続いた後に9時間とか10時間寝ることもありますが、その翌日は思ったより調子が良くないと感じることがあります。

もちろん睡眠時間が短すぎても、健康にも良くないし仕事にもいい影響を与えないでしょう。3時間～4時間程度の睡眠が続いてしまうと、昼間でも眠くなる時間が多くなりパフォーマンスが落ちます。これは大概の人が感じることではないかと思います。

それから、寝る時間帯についてですが、これはいろいろなところで書かれていたりするのですが、「睡眠のゴールデンタイム」というものがあり、22時〜2時くらいまでの間に睡眠をとると、その時間帯には成長ホルモンの分泌が促進され、疲労回復に役立つなどという話があります。真偽のほどはわかりませんが、例えば1時に寝て7時に起きるよりも、22時に寝て4時に起きた方が、「早朝の集中できる時間帯を仕事に使える」という意味においてもいいに違いありません。

「質のいい睡眠」をとるためには、寝る直前に活動的になりすぎず、ゆっくり安らぐように睡眠に入る方がいいでしょう。大ヒットとなった、サッカー日本代表の長谷部誠選手が書いた『心を整える』（幻冬舎）という本には、平穏に夜を過ごし、睡眠をしっかりとる方法が書かれています。長谷部選手は、夜睡眠をしっかりとるために、

・リラクゼーション音楽を聴く
・お香をたく
・アロマオイルを首筋につける

といったことを毎日やっているそうです。こういった、自分なりの作法を見つけて、その作法によって平穏な夜を過ごし、質の良い睡眠をしっかりとり、次の日に備えることができれば、次の日の仕事はより速く、より効率よくこなすことができるようになるはずです。

さて、睡眠をしっかりとって、毎日の仕事のパフォーマンスを上げるために、ものすごく大事なことを一つ忘れていました。それは、

「仕事を終える時間を決める」ということです。

仕事を終える時間を決めることが、あとの睡眠の質の良さに確実につながってきますし、「やりたいこと」をやれるようにするためにも、とても大事なことです。

私もそうですが、大体夜寝るのが遅くなってしまうパターンは決まっています。仕事を夜遅くまでダラダラやってしまう（仕事をやらないでネットをぼんやり見ている、なんてことも起こりがちです）ことで、どんどん時間が後ろにずれてきて、理想の睡眠時間に食い込んでしまうことです。

また、次の日のみならず、その日の仕事の効率、仕事の速さにも「終わりの時間を決

めること」が密接にかかわってきます。

これは、「飲み会がある日」の仕事のことを考えてみたらわかるでしょう。例えば18時から、前々から決まっていた飲み会がある場合、何としても18時前に仕事を終えるよう集中して仕事に取り組むはずです。一方、18時というラインがなく、いつまで仕事をしてもいいとなれば、文字通りいつまでも仕事をしていることでしょう。しかも中身はダラダラと。

18時までに仕事を絶対に終えるぞ！　という気概があるから、仕事が効率化して、速くなるわけです。だから、一番大事なのは、「終わりの時間を決める」ということなのです。

さあ、今日からさっそく、仕事を終える時刻を決めてしまい、それを守るようにしましょう。

POINT

質の良い睡眠をとるための作法を自分で決めてみる。

第五章

仕事環境を大切にする

1　不要なものを常に処分する

仕事をする上でとても大事なことは、「すっきりとした環境の中でやる」ということです。それが集中力を生み出し、その集中力が仕事を速く進めるための原動力となります。この項では、仕事を速くするための「捨てる技術」について考えてみましょう。

職場をすっきりさせない一番の要因、それは紙の多さではないでしょうか。まずは紙を増やさないことを考えましょう。紙を増やさないためには、大げさに言うと、断固とした姿勢が必要です。

まず、これまで貯めに貯めてきた紙を、とにかく何も考えずにデータ化してしまいましょう。重要な契約書や、法律で保存が義務づけられている経理・税金関係等の書類は仕方ありませんが、それ以外のものはほとんど例外なく、データ化していきましょう。紙として置いてあっても、数年間全く見ていない、全く使わないというものも多いはずです。とにかくほとんど例外なく、どんどんデータ化していきます。

データ化には、scansnap など、紙送り装置がついているスキャン装置を使うようにするのがいいのではないかと思います。1枚1枚セットしてスキャンしていくのは、非常に効率が悪いです。職場に大きなコピー機がある場合は、スキャン機能もついているはずですから、それを使いましょう。

スキャンしたら、何枚かのまとまりをPDFファイルなどにして、保存していきます。私は、キヤノンの「ドキュメントスキャナ　DRシリーズ」のやや古いものを使って、紙をまとめてスキャンし、まずは DocuWorks という形式のデータにします。そのDocuWorksの形においては、紙をまとめて束ねることが簡単にできます。たとえばA社の資料をはじめに10枚、次に20枚スキャンなどした場合、その二つのファイルを束ねて30枚の一つの文書にすることが可能です。そして、束ねた時点で DocuWorks 形式からPDF形式のファイルに変換します。開いたり読んだりするのはPDF形式の方が速いのと、二重に保存するという意味合いで、そのようにしています。

これまで貯め込んだ紙は、スキャンしてもスキャンしてもなかなかなくなりません。とにかく一定の時期は、泣きながらでも根気よくスキャンしていき、紙を減らしてください。

紙が増える要因として、郵便物やＦＡＸが多く来てしまうということもあるでしょう。私は郵便物やＦＡＸを減らすため、郵便物については必要のない広告などは受取拒否をし、ＦＡＸについては紙で出力せず、パソコンで（ＰＤＦのファイルで）受けるようにしています。パソコンに流しているＦＡＸも、多くなれば開いて捨てるだけでも大変。そういう時は、必要のないＦＡＸに「受信拒否」と書いて送信することにしています。

スキャンしたりして不要になった紙は、ヤマト運輸の「機密文書リサイクルサービス」を使って捨てています。ヤマト運輸から大きめの専用箱をもらい、それにどんどん機密文書を詰め込んでいきます。いっぱいになったらドライバーさんに来てもらい、持って行ってもらえばＯＫ。一箱１８４７円（２０１４年９月現在）で確実に処理してくれます。

普段から紙を発生させないことを意識することも重要です。書類をもらう時はなるべく紙でなくデータでもらうこと、それから自分でも印刷やコピーを減らして、紙を発生させないことです。

紙の話で長くなってしまいましたが、それ以外にも捨てるべきものがたくさんあります。まずは未読の本、読み終わった本などです。私は本が大好きで、書店に行くと思わず買ってしまったり、メルマガなどで紹介されている本をすぐにアマゾンなどで買ってしまいます。買った瞬間は読みたい気持ちが強く、熱くなっているのですが、先に買ったものを読んでいるうちにその「読みたい熱」が冷めてしまい、読まずに積み上がってしまう事が多いのです。

読みたいのに時間がなくて読めない本があることは、ストレスの原因となります。思い切って、「読みたい熱」が冷めたものは、読み終わって必要のない本と一緒にブックオフなどに売りに行く。そして、必要なときにまた中古などで買う、という方法がいいでしょう。また、未読の本がたくさんあるのに新たに本を買わないことです。本はなるべくため込まず、一冊一冊心をこめて読んでいきましょう。

それから、意外に文具もたまりすぎてしまうものです。使わなくなってしまった文具はずっと引出しに眠ったまま……。それではもったいないので、人にあげるとか、思い切って捨てるなどしましょう。

とにかく、机の上や周りをすっきりさせることが、「仕事を速くする」ためのコツといえます。何もないオフィスの方が、間違いなく集中力を発揮できて、速くていい仕事ができるはずです。「断捨離」や「片づけ」が流行るのも必然なのです。

POINT

紙類はデータ化して身の回りをすっきりさせる。

2　身の回りを気分よく過ごせるように保つ

前項でも述べたように、身の回りをすっきりさせた何もないオフィスで仕事をすることが、仕事に集中でき、仕事が速くなることへの近道です。まずは、身の回りに散らばっているものを捨てることからはじめてみましょう。

モノをどんどん捨てていけば、捨てることや机の周りがすっきりしてくることが快感になってきます。それが快感になってくると、モノをそれ以上増やしたくなくなります。だから何も買わなくなるし、不必要なもの（頼んでもいない広告など）が送られてきたりしても、躊躇《ちゅうちょ》なく処分することが可能になります。

モノがなくなっていくと、掃除も容易になります。机の上とか床も見えている部分が増えると、それだけ拭き掃除やごみを集めるのが楽になります。ルンバだって、モノをあまり置いていない方が大活躍してくれます。

モノを減らすという目標をある程度達成できたならば、次は自分が触れるモノや過ごす場所（身の回り）をどんどん快適空間にしていきましょう。

例えば、椅子です。デスクワークをしている限り、椅子はずっと体が触れている場所です。だから椅子にはある程度お金をかけて、快適で体にいいものを選んでもいいと思います。私がここ数年座っているのは、「Baron」という種類の椅子です。背もたれや座るところなど、体にフィットすることがよく考えられており、なかなか快適です。

ただ、お金をかければいいかといえばそうではなく、どんな高級な椅子でも、おそらくずっと座っていれば、同じ姿勢でずっといることによって血流が悪くなって、体に良くないこともあるでしょう。私はしばらくデスクワークが続いて疲れたときは、愛用の椅子から移動して、背もたれのない椅子に背筋を伸ばして座ったりすることもあります。そうすることで、同じ姿勢を続けることによる体への影響を抑えることが可能となります。

会社勤めの人は、椅子が大事だということをアピールして、何とか提案し、いい椅子を使えるようにお願いしてもらえばと思います。

パソコンを使って仕事をする人が大半だと思います。パソコンについても、体への影響を考えて、自分が快適に使えるものを選ぶことが大事です。私の場合、家ではパナソニックの「Let's note」、事務所ではエプソンダイレクトのパソコンを使っているのですが、体に触れる部分であるキーボードを大事にしています。事務所で使っているパソコンのキーボードを、買ったパソコンに付属のものではなく、ノートパソコンにキーの感触が似ているものを選んでいます。具体的にはエレコム社の「TK - UP04FPSV」というキーボードなのですが、これは気に入っていて、予備も含めて何個か購入しています。勤めている人の場合、パソコンを自前で買うのは難しいと思いますので、キーボードくらいは自分で購入し自分に合ったものを使ってもいいのではないかと思います。「身の回り」という意味では、私の場合事務所を選ぶときに「自然」を念頭に置いて考えました。たまたま自宅の南側・東側が公園で、自宅で仕事をしているときは右を見ればほとんどの範囲で緑の木々しか見えません。

　また、事務所の北側はまずまず広い畑、事務所の南側はもともと果樹園だったような雰囲気の、木々が生い茂っている空き地になっています。仕事をしていて疲れたときに振り返ると、緑の木々が見えます。

仕事をしている場所の周りが緑に囲まれていることで、ちょっと疲れたときにはその緑をボーッとしながら見ることでリフレッシュをすることができるのです。都会の無機質なビルに囲まれるよりは、私個人的にはずいぶんといいので、助かっています。

勤めている人にとっては、仕事場を選ぶことは難しいかもしれませんが、モノを少なくして、備品などを快適なものにしてもらったりするくらいは可能でしょう。職場に観葉植物を導入するとか、緑のあるスペースをつくることなどもできると思います。

仕事をしている時間は、どれだけ効率化をして短くしたとしても、やっぱり人生の中でも、長い時間です。妥協することなく、なるべく身の回りを快適にすることを心がけていってください。

POINT

デスク回りをできるだけ快適なものにする。

3　自分流の整理法を持つ

身の回りの整理、時間やスケジュールの管理、それから情報の整理などは、仕事を速く進めるためにはとても大事なことです。これらについて、自分流の整理法を確立して、それを守っていけば、必ず仕事がはかどるでしょう。

まず、モノを捨ててスッキリした後、ということになりますが、身の回りの整理方法について考えてみましょう。

モノを捨てて、増やさずに（この章の1を参照してください）スッキリした後は、まず「モノを収納したり置いたりする場所」を新たにはつくらないようにします。モノが増えてきたからといって、引出しや棚、物置などを安易には増やさないようにしてください。モノは、「そこに置く場所がある」から増えるものです。置く場所がなければ増えません。だから、モノを置く空間を新しく創り出すのはやめましょう。

この項は「自分流の整理法を持つ」という小見出しがついていますが、実は、モノが極端に少なければ、整理法など必要ありません。モノ自体がごく少なければ、場所もとらないので、そもそも整理する必要などないのです。まずはその状態を目指しましょう。そして、その厳選されたモノを、好きなところに好きなように配置していくだけで整理は完了です。

モノがあふれてしまっている、今減らしている段階、という人は、「捨てる」「これ以上モノを増やさない」ことを前提として整理を行ってください。

どうしてもモノを捨てられない、減らせないといった場合には、「強引に引っ越しをする」という裏ワザがあります。私もその目的のために事務所を引っ越したりしました。事務所の引っ越しをするとか、席を移動させてもらうときに、移動させる荷物はなるべく少なくしたいものです。だから引っ越しや移動をきっかけに思い切ってモノを捨てることがやりやすくなるのです。

モノの整理だけでなく、脳の中の整理も必要です。これは非常に大事なことです。脳の中の整理は、「睡眠を十分にとること」と「何も考えないボーッとした時間をつくること」が大事です。言われるまでもなく睡眠は大事。寝ている間に脳のハードディスクが最適化され、朝起きたときには脳の疲れもとれてスッキリします。

また、夜寝る前に、悩んでいることやなかなか解決しないことをおぼろげに考えてから寝るようにします。すると、朝起きたときにはその悩みや問題が整理され、解決されていることがあります。そのために、朝起きたらすぐにメモをすることができるように、メモ帳やスマホなどを枕の近くに置いておくことも必要です。

「何も考えないボーッとした時間」も極々大事だと私は思います。人間は、はっきり言って考えすぎではないでしょうか。考えることが悪いということは全くないのですが、ずっと何かを考えている人もいます。他のことをやっていても、頭は今抱えている問題のことを考えてしまう。そんなことは誰にでもあるでしょう。私も以前はそんな感じでした。しかし、犬を飼うようになり、その散歩に（毎日ではありませんが）行くようになって変わりました。犬の散歩をしているときには何も考えないようにし、頭を空白にします。散歩が終わって戻ってきたら、考えることの再開です。これによっていいアイディアが出たり、問題が解決したりしたことが何度かあります。「何も考えない時間」

があるからこそ、「考える時間」を有効に使えるのではないかと思います。そういう意味では、犬に大感謝です。

ずっと同じ姿勢で（特に座った状態で）考えていても、先に進まないことが多いです。そんなときはぜひ、違う姿勢（立ったり、歩いたり、走ったり）をして、その間何も考えない空白の時間をつくってみてください。何かが変わると思います。

はじめは人の受け売りや物真似で構いません。それをやっていき整理していくうちに、自分なりの整理方法を考えてみてください。

POINT

身の回りだけでなく、頭の中も何も考えずリセットする習慣をつける。

第六章

ウェブ・ネットに振り回されない

1 「コミュニケーション中毒」からの脱却

街を歩けば、ながらスマホの人にぶつかりそうになります。電車に乗れば、ほとんどの若者が携帯やスマホの操作を、何も考えずに（考えているのかもしれませんが）しています。

ご存知の通り、スマホは時間を奪っていきます。意識せずにスマホを触ってしまう人は、その触っている時間が非常に速く経過してしまうこと、そして多くの時間が無駄に失われていることを自覚してはいないでしょう。

この本を読んでいる人は賢明な人が多いでしょうから、無意識にずっとスマホなどを操作しているということはないと思います。でも、気をつけている人でも、やはりスマホやパソコンによって、「コミュニケーション」に費やされる時間はどうしても長くなってしまうはずです。私も、こんなことを書いて警鐘を鳴らしているにもかかわらず、気づいたらSNSを2時間も見ていた、というようなことが起こります。

Twitter・Facebook・LINEなどのSNS、そしてウェブサイト、ゲーム。一日でいいので、これらに奪われている時間を一度計算してみてください。時間を測ることで意識を強く持っていても、奪われている時間が思ったより多いことがわかるはず。ましてや、意識せずに触ってしまうのであれば、とんでもない時間をスマホやSNSに奪われてしまっているのです。

これは本当に由々しき事態だと私は思っています。「考えること」とか「じっくりと、読む」行為などが極端に行われなくなってきているのではないでしょうか。何も考えず、何も読まない人間は、脳が退化していくのではないかと私は思います。そして、そういった人が大量に増えてしまうと、日本や世界はどうなってしまうのか？　と疑問に思い、不安に感じることがよくあります。

この「コミュニケーション中毒」は、治していかなければなりません。治していくには、どうすればいいのでしょうか。

これらの「ソーシャル」や「ネット」、「ゲーム」などは、原則やらないと決めてしまうことです。アカウントを削除してしまってもいいでしょう。パソコンとスマホの両方でログアウトし、パスワードを覚えられないものに変更して、ログインできないようにするのもいいかもしれません。

それくらいやらない限り、この強力な敵は退散してくれません。いつでも見られる環境にあれば、いつでも見てしまいます。見ないように意識してもダメなのです。そういう意味では、タバコなどと同じような中毒性があるのかもしれません。

ソーシャル、ネット、ゲーム。これらをやらなかったところで、コミュニケーションに大して変わりはないのではないかと感じます。数日完全にこれらを絶っても、ネット上の人たちは、こちらが存在しないことを意識することはないのです。「あれ？○○さん、最近書き込まないな」などとは、よっぽどそれまでに書き込みすぎていない限りは、思われないのです。だれにも気づかれずにやめることも可能です。だったら安心してやめてもいいでしょう。

もしどうしても Facebook とか Twitter で存在をアピールしたいとか、仕事に使いたいのであれば、連動するアプリケーション（例えば、ブログとか）から記事をリンクさせるように設定すればいいでしょう。

それから、スマートフォンのアプリをどんどん削除していきましょう。アプリが少なければ、それだけ無駄な時間が減ります。「気づいたらスマホを触っていた」なんてこともなくなるはずです。

とにかく、ネットに依存したり、スマホを触ったりする時間というのは、本当に意識しなければ膨大なものになります。その時間で他にできることはたくさんあるはずです。時間は有限で、本当に速く過ぎ去ってしまいます。時間を大事にして、自分を大事にするためにも、コミュニケーション中毒とかネット依存症から脱することが本当に大事なのです。

POINT

「ソーシャル」「ネット」「ゲーム」など、スマートフォンで失われる時間の膨大さに気づくこと。

2 メール、ウェブチェックの時間を決める

先ほどの項目と重なるところもあるかもしれませんが、「メールの返信」や「ウェブのチェック」のために費やされる時間も膨大なものになります。これをどう考え、どう対処していくかが、時間を失わないためにかなり重要なこととなります。

「メールの返信」は、皆さんが大いに悩まれることの一つではないでしょうか。これには意外に時間が多く取られます。私は大体毎日、10～20くらいのメールを送信していきます。これはまあそれほど多い方ではないかもしれませんが、一つ一つのメールに心をこめて返信しなければならないですし、調べて返答しなければいけないことも多いので、結構時間がかかってしまいます。

また最近は、パソコンでのメール送信だけでなく、ＬＩＮＥやFacebook のメッセージ、それに携帯メールなども多く来ますので、それに返信することを考えればもっと時間をとられていると思います。もちろん、メールをよく読んで理解する時間も結構かか

ります。メールマガジンなども読んでいますので、それにも時間がとられます。

私はあるときに、メールにかかる時間がかなり大きいのではないかと気づき、改善するようにいろいろと考えて、実行しました。

まずはメールのツールをGメールに替えました。Gメールは、メールの内容をグーグルに見られているなどの問題がありますが、やはり大変便利ですので今でも使っています。

Gメールの特長はいくつかありますので、列挙してみます。

・メールを探すときに、検索機能が使いやすい（優れている）
・迷惑メールのフィルタが強力で、使いやすい
・ラベルやフィルタ、アーカイブという機能が優秀で使いやすい
・どんどんカスタマイズされて使いやすくなっていく
・どこからでも同じメールアカウントを見ることが可能

これ以外にもたくさんいいところはありますが、とにかく使いやすいのです。

私の場合の使い方を簡単に説明しておきます。私は、メールについては、「受信トレイ」をいかにゼロにするか、ということを心がけています。受信トレイにあるメールがゼロになれば、「メールを返さなきゃ」というプレッシャーやストレスからも解放されますし、大事な（お客さんから来るものなど）メールに対する返信も速くなります。

私のやり方ですが、まずは、膨大に届くメールの中で、必要のない広告メールや、勝手に送りつけられるメルマガを「迷惑メール」として分類します。必要のないメールが来たときに、迷惑メールボタンをクリックするだけで、それ以降は迷惑メールフォルダに行ってくれます。

ちょっと話が逸れますが、名刺交換をしただけで、その相手に勝手にメールマガジンを送ることは、絶対にやめた方がいいと思います。信用を失います。それを臆面もなくやる人が多くてびっくりします。そういうのはすべて迷惑メールフォルダ直行です。

本題に戻ります。

迷惑メールを排除したら、あとは「読むけど返信の必要ないメール」にラベルをつけて、分類していきます。ラベルとは、フォルダをゆるくしたようなもので、メールに種類の名前をつけて分類できます。たとえば、読むだけのメールマガジンなら、「メルマガ」ラベルをつけておけば、そのラベルのところをクリックして読むことができます。返信の必要がないメールなどは、「ラベルをつけて、受信トレイをスルーする」という設定ができますので、便利です。

このような分類をしていくと、大事なメールや返信が必要なメールだけが受信トレイに集まり、それをひたすら返信していくのみです。使いやすいし、ストレスもたまらないし、迅速に対応できるという点で、Gメールはお薦めです。

「メールの返信」や、「ウェブチェック」は、時間を決めておくことが大切です。

例えば、朝9時と夕方の17時からの30分とか、13時にもう一度チェックとか、自分なりのルールを決めておくことです。大事なのは、メール返信にかける時間をなるべく決めてしまうこと。例えば15分なら15分と決めてしまうのです。返信をしている間にもメールは来ます。書いたらまた新しいメールを読み、また新たに返信……などとやっているると、時間はいくらあっても足りません。「ずっとメールに張り付いている」ということとも、そうやって起こるのです。メール返信の時刻と時間はしっかりと決めましょう。
「ウェブチェック」も、コミュニケーション中毒のところで触れましたが、時刻を決めて時間を限るのが大切です。ウェブサイトなども、見ようと思えばいくらでも見ていられることができる麻薬のようなものです。ボーッと見ている時間を減らすように、時間を決めてしまいましょう。

POINT

メールチェックやウェブチェックは、時間を決めて行うようにすること。

3　ウェブ情報の限界と危険を知っておく

最近では、インターネットがかなり発達して（これからも発達すると思いますが）、いくらでも知識や情報が取り出せるようになってきました。私は税理士で、税法などの法律の知識を売る仕事をしているのですが、知識自体の価格はゼロに近いものになってきました。だから従来通りに知識や情報を売るだけでは経営が成り立たず、いろいろと工夫が必要になってきています。

しかし、いくら知識や情報の価格がゼロに近いものになったといっても、ネット上のそれがすべて正しい知識、正しい情報であるとは限りません。インターネットの情報が玉石混交だということをよく知っておく必要があるでしょう。

私は税理士という仕事柄、いろいろと調べなければならないことが出てきます。今はネットでもほとんどのことが詳しく書かれているため、ネットを参考にすることもあります。しかし、ただ調べたい対象を検索して、その結果で調べた気になっているようではまずいです。もしその情報が間違っていたときには、責任の所在がありません。自分が困るだけです。

だから、ネットで調べるにあたっても国税庁のページをまずは参考にしますし、最終的に判断するには、やはり条文を読まなければなりません。なので、割と高いお金を払って、条文を検索できるサイトを参照することができる契約をしています。

何かを調べたい時に検索するとよく出てくるサイトに、「Ｙａｈｏｏ！知恵袋」などの、質問・回答サイトがあります。参考になることも多いのですが、明らかに間違った答えとか、複数の回答の見解が全然違っていることなどがよくあります。これらの質問・回答サイトは、質問も回答も匿名でなされることが多く、法律に裏づけされない適当な答えを書いている人も多いように思います。これらの回答は、参考にする分にはいいと思いますが、決して最終的な判断を下すための材料にしてはいけません。

結局のところ、正しい情報が知りたい場合は、やはり有料になってしまうのだと思います。専門家がもちろん実名で、責任を持って答えるサイトなどもありますが、そういうサイトは有料のところが多いようです。

専門書などの本は、やはり情報の正確性が高いです。筆者や編集者の手を経て、何度も確認され、間違いがないということになってから出版されるためだと思われます。これらを考えても、やはり現在のところは、「正しい情報は、結局有料」ということになるのでしょう。

専門知識に限らず一般的な事においても、ネット・新聞・テレビなど単一の情報を鵜《う》呑《の》みにするのは危険です。特に新聞や民放テレビなどは、スポンサーからの広告収入で経営が成り立っているため、スポンサーの意向に反するような報道や放送はできません。どうしても当たり障りのない報道になってしまったり、各社の主張を打ち出したような偏った内容になったりします。もちろん情報として参考になることも多いのですが、単一の新聞や番組などを鵜呑みにしてしまうのは危険でしょう。

一方ネットでは、匿名の場合は本音が出ますが、それは先ほども言ったように本当かウソなのかもわからない玉石混交の情報ですし、反対に実名の場合はそれほど過激な主義主張を出せず、当たり障りのない表現になりがちです。

ネットやウェブ情報を得るのはもちろん便利ですので、うまく使いましょう。ただ、情報を鵜呑みにせず、自分のフィルターを通してみることです。それから、やはり最終的には有料で得られる情報を確認する。これが大事なのではないでしょうか。

POINT

無料で得られる情報は、責任の所在がわからないので注意が必要。

第七章

自分の判断と選択で仕事をする

1 依頼や指示のポイントを見極めて工夫する

私たちより若い人たちの世代を、「指示待ち世代」などと呼ぶことがあります。詳しく指示をしなければ何もやらないなどのことを指して言う場合が多いようです。でも、これは間違いです。そんな世代はなく、すべての世代が同じように「指示待ち世代」です。そもそも、世代をひとくくりにしてしまうことに問題があると思います。そして、若い人を「指示待ち世代」などと呼んでいる人も、昔は指示待ち人間だったに違いありません。

それはさておき、「指示を待つ」ことは、そんなに悪いことなのでしょうか？　私はそうではないと思います。若いうち、経験の浅いうちは、自分で勝手に動きすぎるのではなく、ある程度は「指示を待つ」ことが大事です。しかし、だからといって指示されたことを鵜呑みにしすぎて、言われたことだけ素直にやるのも考えものです。そういう人が多いと、「指示待ち世代」などと呼ばれてしまうのでしょう。

ここでは、依頼や指示を受けたときに、どう対処すればいいかを考えてみましょう。大事なことはいくつかありますが、まずは、「指示を正確に聞く」ということではないでしょうか。意外と、「人の話を正確に聞く」ことができない人もいるように感じます。指示と関係ない話になりますが、普段の会話も同じです。相手が話しているときは、呼応して、すぐ話しをしたり、相手の話が終わる前に話をかぶせたりするのではなく、話を最後までしっかり聞きましょう。そして、相手が話し終わってから、自分が話をします。

指示も同じです。上司などが指示をするときは、それをしっかり漏らさず最後まで聞くことが大事です。

そして、その指示の「期限」と「最終目的、ゴール」を確認します。指示をするのに、「期限」も「最終目的、ゴール」も言わない人が多くいます。そういう人からの指示を受けるときは、しっかりとそれを聞き、記録するようにしましょう。

指示を受けたら、その依頼のポイントを自分で確認します。なぜその仕事が必要なのか、その仕事に何時間かければいいのか、その仕事をどのように進めれば多方面にメリットがあるだろうか。そういったことを考えます。

そして、次に計画を立てます。その依頼をいつまでにやらなければならないかは事前に聞いていると思いますので、他のスケジュールと調整しながら、いつやるかを決めます。もちろん、依頼されたことを早めにやるのに越したことはありませんが、「いつやるか？　今でしょ！」（古いですね）だけではダメで、他の仕事とのバランスを見ながら、いつまでにやるかを決めていきます。

計画を立てたら、あとはやっていくだけなのですが、もうひと工夫必要です。指示を受けたことをそのままその通りにやるのではなく、自分なりのよいやり方を見つけて、工夫して、アレンジしてみます。作業の順番を変えたり、もっとこうしたらいい、といったポイントを見つけて、それを実行していったりします。そこまでできたら、もう「指示待ち人間」でも何でもありません。

「自分は頼まれた仕事をやるだけ」と考えている人も、ぜひすべての仕事において、工夫をしてもらいたいと思います。最低限の目的と期限が達成できるのであれば、仕事をどのように進めていっても問題ないはずです。自分なりの工夫を、依頼された仕事に付け加えることで、「彼（彼女）に頼んでよかった！」と思われるようになったらしめたものです。今は指示を待つだけかもしれませんが、今後は自分で仕事をやっていける、独立した存在になれるはずです。

POINT

頼まれた仕事でも、自分なりの工夫やアレンジをしていくことが大切。

2 上司の顔色を見て仕事をしない

この本を読んでくださっている人の中には、大企業に勤めている人も多いことかと思います。私もわりと大きな企業で10年以上働いていたためよくわかるのですが、仕事のほとんどの部分に上司が関係してきます。会社は基本的にはピラミッド構造になっているので、何をするにも上司の許可を得たり、決裁をもらわなければいけなかったりします。

「起案書」というものがあります。あれこそ日本的だなあ、と思うこともあるのですが、何か提案をするとか、新しい仕事をはじめるときに、「起案書」という文書を作って、上司に決裁（許可、承認）してもらわなければなりません。その「起案書」ですが、大概上の方にハンコをつくところがたくさん用意されており、5人ほどのハンコがないと正式に許可されない、などという場合が多いでしょう。個人的には、上司が一人決裁すれば十分ではないかと思うのですが、そうはいかないようです。このように、大きな組織では、何をするにも上司の許可がいるので、どうしても部下は上司の顔色を見て仕事をすることになりがちです。

会社内には色々な意見を持った人もいるので、意見の調整とか事前の根回しとか、そういったことも行われているようで、私などは今振り返ると、「何のための仕事をやっていたんだろう」と思うことも多々あります。

そもそも私が会社を辞めて自分で仕事をしようと思ったのも、そういった上司とのややこしいしがらみから抜け出したいと思ったからです。仕事をしていて、「こうしたらいいんじゃないか」ということがたくさんあったのですが、それを実現させるための障害がたくさん用意されていたので、なかなか自分の意見を通すことができませんでした。それならばと、自分で考え、自分で即決してやることができる「独立」という道を選んだのです。

日本だけではないと思いますが、人が多くなってしまうと、とにかく「内部に使う力」「内向きのパワー」が増大してしまいます。本来会社というのは、外に向けてメッセージを発信し、外から仕事の依頼を受け、外からお金をいただくべきものだと思います。

しかし、外に対するパワーよりも下手をすると内向きのパワーが大きい場合もあったりして、何のために会社の活動をしているのかわからないこともあります。

池井戸潤さんの「半沢直樹シリーズ」も同じです。銀行内部での意見調整、争い、足の引っ張り合いなどが多く描かれています。これこそ日本の会社の問題点を表しているのかもしれません。

会社組織内部で仕事をしている人は、ぜひ「内向きのパワーを減らして、外に向けてパワーを使って仕事をする」ことを意識してみてください。ほとんどの人が内向きのパワーを多く使っている中で、外に向けて力を発揮することを常に意識して仕事をしていたら、必ず活躍できるでしょうし、その結果として、「仕事ができる人」「仕事が速い人」ということになるはずです。

社内で毎日飲みに誘ってくる上司がいるとします。仕方なく毎日付き合っている人もいるでしょう。しかしこれからは、その誘いを最低でも2回に1回は断るのです。「英会話学校に通い始めました」などの理由をつけてもいいでしょう。断ることでできた時間は、営業先の会社の人と会うとか、その会社の研究をするとか、読書をするとか、勉強をしてビジネスの力を身につけるとか、何でもやることはあるはずです。毎日飲みに行ってもほとんど話題は変わらず、社内の人間関係とか、愚痴なども多いでしょう。そのようなことに使っている（内向きの）パワーを、外向きのパワーに変換してください。

人口動態とか日本の経済などのことを考えると、これからずっと会社が安泰とは限らず、いつかは自分でビジネスを始めることが必要になるかもしれません。その可能性は大きいと私は思います。そんな時に、これまで使っていた内向きのパワーは役に立ちません。外向きのパワーこそがそんな時に役立つのです。ぜひ今から、「外向きのパワー」を使う練習をしておいてください。きっと役に立つことでしょう。

POINT

内向きのパワーを減らして、外に向けて力を発揮することを意識する。

3　人に合わせすぎずマイペースをキープする

コミュニケーション手段が発達しすぎた昨今、確実に「人疲れ」というものが私たちの心をむしばんでいるように感じます。人に気を遣わなければならない、人に好かれたい、人に嫌われたくない、人から批判を受けるとつらい……。

こういったことが私たちの周りで毎日起き、みんながそれに気をとられているのではないかと思います。私もその最たるもので、最近では本当に「人疲れ」してしまい、正直なところ、人と会うのが億劫《おっくう》になってしまいました。実際に人と会っているときは全く問題ないのですが、一人でいるときは、「なるべく人と会いたくないなあ」なんて思ってしまう始末です。これでは今の仕事を続けることができませんので、何とか気持ちを奮い立たせ、気分転換をするなどして頑張ろうと思っています。

私の場合まだ症状は軽いかもしれませんが、重症化してしまうと引きこもってしまったり、仕事を辞めてしまったり、うつになってしまう可能性もあるでしょう。

そうならないためには、「マイペース」で生きていくのが一番いいと思います。あなたの人生は、あなただけが歩むことができます。人に何を言われようと、あまり関係ありません。もちろん、ありがたいアドバイスは真摯《しんし》に受け取って参考にすればいいのですが、自分を相対的によく見せようとしたり、あなたを貶《おとし》めたりする意見や批判などはそんなに気にする必要はないかと思います。

「人疲れ」が蔓延《まんえん》する世の中では、さっきも言いましたが自分の人生を「マイペース」で生きていくのが一番いい方法です。ぼんやりと悩むのではなく、まず今自分を困らせていること、何とかしたいこと、ストレスが溜まってしまうことなどを書き出していきます。そして、その書き出したことを一つ一つ、解決していく方法を考えてみましょう。

例えば、ＬＩＮＥの返事が億劫で、読んで返事をしないと嫌味を言われる。だから○○さんとはあまり付き合いたくない、という場合（些細《ささい》なことかもしれませんが、本人にとっては深刻な話です）は、「ＬＩＮＥをやめて、アプリを消す」などの具体的な行動を書いていくのです。

どうしてもスマホを触ってしまう「スマホ依存症」によって時間がなくなる、という人は、例えば「スマホを一週間置き忘れてみる」などの対策をしてみましょう。例えば押し入れの奥に隠したりして、使えない状態にしてしまうのです。友達には、「スマホをなくした」などと言えばいいと思います。たいていの場合、スマホはなくても何も起こらないのです。スマホがない状態に慣れれば、依存症も治すことができるでしょう。

また思わず（第六章でも書いたように）「スマホ依存をやめる」的な話になってしまったのですが、それほどこの症状は社会全体にとって深刻な問題であると私は思っています。依存症をなくせるのであれば、なくしたいと本気で思っています。

話を戻します。「人に影響されず、マイペースで生きたい」のであれば、やはり「自分」というものをしっかりと持たなければなりません。

一番のおススメは、「自分にしかできない」ことを探すということです。好きでたまらない事のうち、自分が得意な事であって、人があまりできないことを探していくのです。自然に見つかる人が多いでしょうが、もし見つからない場合は、「組み合わせ」で考えてみてください。

例えば野球と小説が大好きなのであれば、野球専門の小説家になることだってできると思います。たくさんの人がいる業界にいるとか、たくさんの人がしている仕事をしているという場合であっても、その業界や仕事の中で「一番端っこ」を狙っていきます。

例えば、税理士は多いですが、「ふるさと納税専門税理士」などはほとんどいません。もしかしたら、自分にしかできない仕事なのかもしれないのです。そういったものを見つけていきましょう。

もし「自分にしかできないもの」が見つかれば、それはもう自信にもなりますし、「人に影響されず、マイペースで」生きていくことも可能になるでしょう。そうなれば人生は楽しいはずです。

仕事が速い人は、やはり自分というものを持ち、人に影響されずにマイペースで仕事をしている人が多いです。上記の考え方を実践していただき、ぜひ「自分だけのもの」を見つけてください。

POINT

マイペースをキープし、「自分にしかできないこと」を探してみる。

4　ときには仕事を断ることも大事

スポーツの卓球を卑下するつもりは全くありませんが、人からお願いされてすぐに対応するような仕事のことを「卓球仕事」と私は呼んでいます。卓球は、短い間隔で飛んでくるスピードのある球を打ち返していきます。ラリーが続くと、延々と打ち返していくような感じになります。「クイックレスポンス」で、飛んできた仕事を受けてすぐに返すのは、一見仕事ができる人に見えますが、実のところは自分で仕事も選べない、「仕事が遅い人」ではないかと私は思っています。

「卓球仕事」が続くと、飛んできた仕事を疑問も持たずに受け、すぐ返していくことが習慣になってしまいます。すぐに処理するので、またすぐに仕事が降ってきて、忙しくもなります。そんなことばかりしていると、考える時間がなくなってしまいます。これが一番問題なのではないかと思います。

人間は「ゆっくり考える」ことができる動物です。その特性を生かして、これまで文化などを発展させてきました。仕事でもその特性を生かすべきで、「考えること」をやっていかなければ、将来がないのではないかと思います。

まだ仕事を選べない立場の、会社に入ってすぐの人であれば、言われたことを素直にやって、自分なりの工夫を加えて上司などに返していくことが必要でしょう。しかし、入社して数年経つ人、役職者、自分で商売をやっている人などは、仕事を選ばなければならないのではないかと思います。

仕事を選ぶということは、「やらない仕事は断る」ということです。「やりたくない仕事」ではなく、「やらない仕事」です。その仕事をするかどうか、能動的に考えて決めるのです。

例えば、やる必要もないのに、これまでの慣習などでやっている意味のない仕事は多いものです。大きい会社になると、人は多いけれども仕事が少なくなることがあり、そういったときに余剰人員をクビにするわけにもいかないので、どうしても「無駄な仕事をして過ごす人」が出てきてしまいます。そういった仕事をしている人に対して給料を払っていくことも、社会貢献のためには必要なのかもしれませんが、やはり無駄だと考えざるを得ません。

これを読んでいる人だけでも、そんな無駄な仕事をお願いされたら、自分で判断して、その仕事自体をやめてしまうようにしましょう。将来のためにならない仕事、時間の浪費にしかならない仕事などは、お願いされたとしても自分で判断してやめていくべきではないかと思います。そして、新しい価値のある仕事を生み出していけばいいのです。

実は私も今は、「仕事を断る」ことを意識してやっています。税理士事務所を開業して10年になりますが、初めはとにかく、仕事やお客さんを増やさなければ食べていけないので、何でもかんでも仕事を受けていました。気づくと組織も肥大化（といっても7人くらいですが）し、経営がとてもつらくなってきました。そこで、何でもかんでも仕事を受けることをやめて、自分で納得したものだけやっていくことにしました。そうすると仕事がうまく回るようになり、今ではお客さん自体は減っているのですが、いいお客さんが残り、経営もうまくいっています。

また、本を出して売れていることでいろいろなオファーがあります。セミナーや講演の依頼、執筆の依頼、雑誌などへの寄稿のお願い、新しいお客さんの紹介などです。2

~3年前まではそれを全部受けていました。それで、忙しくなってしまい、時間がなくなってストレスがたまる、その繰り返しでした。しかしあるとき、割り切って断るべきことは断ろう、自分がやりたいと思った価値のある仕事(自分にしかできない仕事など)をやっていこう、と決めました。そうすると、もちろん時間もできますし、自分の納得のいく仕事しかしなくなりましたので、ストレスが軽減されてきています。

「あちらからやってくる仕事」ばかりをやっていることは、他人にコントロールされ続ける人生だということです。人生は自分でコントロールしていきたいものです。必要であれば「仕事を断り」、自分を手に入れるようにしてください。

POINT

自分で仕事を選び、人生をコントロールしていく。

第八章

仕事にも「投資」の考え方を入れる

1　投資の定義とリスク・リターン

この章では、仕事も「投資」として考えるべきだ、ということを述べていきたいと思います。しかし、いきなり「投資」と言われてもピンと来ないでしょう。まずは、少し「投資」について考えてみたいと思います。

「投資」を辞書で調べると、「利益を得る目的で、事業・不動産・証券などに資金を投下すること。転じて、その将来を見込んで金銭や力をつぎ込むこと」とあります。それを言い換えると、初めに資金などを投下して、あとでなるべく多く回収すること、となります。

リスク（結果のばらつき）があるけれども、リターンが大きく見込めるものになるべく投資していきます。通常はお金をまず（損をある程度覚悟して）投資し、あとで上手くいけば、投資した金額以上のお金を回収していく形になります。

投資対象において利益が多く出ればその利益を多く分配してもらえますが、利益が出ず、投資対象が破綻してしまったときなどは、投資した金額は返ってきません。

この「投資」を、お金の投資以外にも応用してみましょう、というのが私の狙いです。投資するものは、何もお金ではなくてもいいのです。「仕事を速く進める方法」の本ですので、時間の投資について考えてみましょう。

時間も「お金」と同じく、投資の対象になります。あることに時間を多くかけて、あとで回収するという考え方は、お金の投資と全く同じです。例えば医者になるためにはどうすればいいかということを考えてみましょう。お医者さんになるためには、医学部に行って6年ほど勉強をしなければなりません。また、そのあとも研修医になったりして、お金も使いますが時間も相当投下しなければなりません。しかし、時間投下の結果、晴れてお医者さんになったら、高収入が約束されています（最近はそうでもないという話もあるようですが……）。

これは、医者になるという大きなリターンのために、多大な時間を投資するということに他なりません。これも投資なのです。

何が言いたいかというと、時間をどう使うか、ということを考えるときに、「投資」という観点で考えてほしいということなのです。なるべく、リターンが多く見込めるものに時間を使うのです。時間を投資したものが結果的に利益を生まないこともあるでしょう。でも、それは結果です。時間を使う段において、リターンを意識することで、結果がよくなる可能性を高めるのです。

リターンを全く考えない時間の使い方は、時間の「投資」ではなく、「浪費」といえるかもしれません。時間は、「取り戻すことができない」という意味では、お金より大切なものだと私は考えています。時間を浪費するのではなく、ぜひ、リターンを考えた時間の使い方をしていきましょう。

リスクという言葉が先ほど出てきましたので、リスクについても触れておきましょう。ある投資対象に対する結果のばらつきのことをリスクといいます。「リスクが大きい」とは、得られるリターンの結果を考えたときに、そのばらつきが大きいことを言います。

あるものに投資した時、結果が例えばマイナス100点から100点の間に収まるとします。この時、マイナス10点から10点の間に収まるものがあれば、それは「リスクが小さい」ということになります。リスクが小さいものに投資をするということは、損をする可能性は小さいけれど、大きく儲かる可能性もないということです。

得られる結果（リターン）が大きいものは、原則としてリスクも大きくなります。つまり、大きく儲けようと思うと、大きく損をすることもあるということです。

時間を投資するにあたって、リターンを意識するのはもちろんですが、リスクも意識しましょう。ただ、リスクを意識する際には、年齢とか、残された時間を考慮する必要があります。年齢が低い時（若い時）は、まだまだ取り返しがつくのでリスクが大きな投資でもよく、年齢が高くなると、残り時間が短くなるのでリスクの小さな投資をする、というのが一般的です。しかし、私は逆ではないかと思ったりします。時間が限られているからこそ、リスクの高いものに挑戦してみる価値もあるのではないかと思うのです。

「絶対にこれがいい」という決まりはありません。大事なのは、「リスクとリターンをちゃんと意識して時間を投資していく」、という感覚を持つということなのです。

POINT

リターンを考えながら上手く時間を投資していくこと。

2　ときにはお金で時間を買うことも必要

「時間」も、「お金」と同じように投資という考えを持つべき、と先ほど書きましたが、お金と時間はどちらが大事なものなのか、ということを考えてみたいと思います。もちろん、最終的にはどちらも大事だ、というのが正解になると思いますが、もう少し掘り下げて考えてみましょう。

時間とお金を比較してみて、時間が持っている特徴を列挙してみましょう。

・時間は、お金と違って取り戻すことができない。
・時間は、お金と違って貯めることができない。
・時間は、お金と違って利子をつけたりして増やすことができない。

代表的には右のような特徴が挙げられると思います。「できない」ばかりで、時間がお金に対して劣っているような印象を持たれるかもしれませんが、そうではなくてむしろ逆です。時間は取り戻すことができないから大事にしなければならず、貯めることができないからその場で有効に使うしかなく、増やすことができないから1秒1秒を大事に使わなければならないのです。

時間とお金は、お互いに売り買いをすることができる場合があります。そして「時間でお金を買う」方法と、「お金で時間を買う」方法があります。そのどちらを優先していけばいいのか、考えてみましょう。

まず、「時間でお金を買う」方法というのは、自分が動いたり働いたりして、その時間をお金に換えるというやり方です。時給1000円で働く、なんていう場合はこれでしょう。また、卵が30円安いから、往復1時間かけて隣町のスーパーに行き、30分並んで卵を2パック買う、などという行動も、「時間でお金を買う」の典型的な例です。

反対に、「お金で時間を買う」というのは、電車で行くと乗り換え乗り換えで30分かかるところをタクシーを使って10分で行くとか、少々高くても便利なネット通販で物を買うとか、ホームページの制作を外注するなどの行為です。

「時間でお金を買う」と、「お金で時間を買う」のどちらがいいか、どちらをすればいいか、というのは一概には言えません。お金に価値を置く人、時間に価値を置く人のいずれもその人の価値観によるものです。

私個人的には、時間は増やすことができず、いったん失ってしまったら二度と戻らないものなのだから、時間の方を大事にして、「お金で時間を買う」ことを優先した方がいい、と考えています。

もし時間を買うことでお金を失ってしまっても、お金はあとで取り返すことが可能です。お金で時間を買うことが、あとでお金を増やすことにつながる可能性だってあります（先ほどの例で、お金を出してホームページをつくり、そのホームページが収益を生むようなケースです）。

生活や仕事をしていて、お金を使うのか、時間を使うのかで迷うことがあります。その場合は、「時間は取り戻せない」ということをまずは念頭に置いた上で、できる限り「お金で時間を買う」方を選択するようにしています。

ただ、それだけにこだわってもよくないというのが、天邪鬼《あまのじゃく》な私の見方です。例えば私はタクシーにほとんど乗りません。タクシーの雰囲気とか匂いがあまり好きではなく、スピードを出す運転に酔ってしまうことが多いからですが、タクシーに乗るくらいなら歩くことで健康を維持しよう、という狙いもあります。何でも合理的に「お金で時間を買う」ことばかりにとらわれる必要はなく、その時々で柔軟に判断していくことが大切と考えます。

POINT

時間は取り返せないもの。その意味でお金よりも大切にしなくてはならない。

3　将来のことを考え「何に時間を使うか」を決める

「今、何に時間を使うか」ということに悩むことが結構あると思います。少なくとも私は、やりたいことが多すぎて、「今何をするか」ということをいつも悩み、よく考えています。その中で、私が一番大事にしているのは、「なるべく、将来につながることを優先してやる」ということです。

ただ、「将来につながること」といっても、何も準備をしなければ、さっぱりわからないでしょう。その準備とは、「将来の計画を立てる」ということです。将来自分はどうなりたいのか、何をするのか、ということをじっくり考え、計画を立てて、その計画を実行していくのです。

よく人生相談などで、「目の前のことを一つ一つ、とにかくこなしていけば見えてくるものがある」などという回答があります。言ってみれば、「積み上げ方式」といえるかもしれません。これはある意味真実だと思いますし、とっても大事なことです。しかし、それとは逆の、「将来の計画を立てて、その計画を実行するためには今何をすべきかを考える」ということも非常に大事なのです。こちらは、「逆算方式」といってもいいでしょう。

まずは、「逆算方式」で将来の計画を立て、そのために今何をすべきかを考える。そして、何をすべきかを決めたら、その目の前の「すべきこと」を一つ一つ、「積み上げ方式」で丁寧にやっていくのです。

先ほどの項で、「投資」という概念について説明しましたが、まさに、「今、何に時間を使うか」ということも「投資」と言えるでしょう。なるべく将来のリターンを得られることをやっていく。それが投資です。将来の計画に沿った現在の行動を決める行為こそが、「投資」行為なのです。

私は、これまでの人生、その時その時で、「将来のために今は何に時間を使うか」ということを常に考えてきました。30代前半は、将来独立して自分の力で食べていくために「税理士試験の勉強」に力を割きました。30代後半は、60歳や70歳になっても仕事を続けて行けるように、税理士業務の拡大を目指してそれに沿った行動をしてきました。結果的に税理士事務所の拡大をすることはしませんでしたが、将来につながることはできています。

現在では、将来文筆業で食べていくためのトレーニング（読み書きを毎日、時間を決めてやる）をしています。

「今、何に時間を使うか」ということを考えるときにとても大事なのは、「時間の天引き」という概念ではないでしょうか。「時間の天引き」とは、やることを決めたらそれを毎日、必ずやるようにあらかじめ時間を確保するということです。

最近はあまりありませんが、昔は「社内預金」というものがありました。社内預金とは、給料からの天引きで、会社にお金を預けて、高金利で運用するといったものです。バブル期には流行りました。

給料からあらかじめ天引きするので、従業員はそれを自由に使うことができません。預けっぱなしにしておくと、高金利下でものすごくいい運用をされて、退職時などに多くの現金が入ってきたようです。

これと同じで、時間も天引きして投資し、運用するのがベストです。例えば、「朝6時〜8時は、読書の時間」などと、完全に決めてしまいます。もしその時間に何か予定が入ってしまった日があれば、その日は夕方にずらしたりして、時間を確保します。

毎日1時間でも2時間でも、時間を決めて続けることはとても偉大で、それが2年、3年……と続いていくと、普段は気づかずとも、利息が複利で膨らんでいき、ものすごく素晴らしい効果、素晴らしい成果を与えてくれるはずです。

何か事を成し遂げたいと思ったら、そのための時間を絶対に確保して、天引きします。そして、その時間は何があってもその「成し遂げたいことにつながること」を優先します。

将来のことをしっかりと考え、その将来の目標を達成するために必要なことを、時間の天引きをして毎日行う。それだけで、人生は全く別なものになっていくでしょう。こんな簡単なことでも、ほとんどの人ができないものです。

「天引き」と「毎日続ける」ことが本当に大事です。頑張っていきましょう。

POINT

将来の目標を達成するために毎日の時間を天引きして確保する。

4 「緊急でないが重要なこと」に時間をかける

行動の優先順位を決めるときに、とても大事なことがあります。まず、やるべきことかタスク（作業）を分類します。分類のための一つの軸は、「重要なことか、重要でないことか」、もう一つの軸は、「緊急なことか、緊急でないことか」です。第一章の3でも紹介したことですが、とても大事なことですので、もう一度しっかり考えてみます。

この二つの軸でやるべきことやタスクを分類してみると、

1 重要かつ、緊急なこと
2 重要だけど、緊急でないこと
3 重要でないけど、緊急なこと
4 重要でも緊急でもないこと

に分かれます。この四つで、どれから手をつけていくかということを普段から意識していけばいいでしょう。

まず、1の「重要かつ、緊急なこと」は、真っ先に手をつけなければなりません。急ぐべきことで、かつ将来のために重要なことをやらない理由はないでしょう。

次に何に手をつけるかがポイントです。たいていの人は、3の「重要でないけど、緊急なこと」を先にやってしまいがちです。緊急なことというのは、相手があることが多く、その相手に急かされているという場合が多いはずです。そういう場合は、相手を気遣って、重要ではないけど緊急なことを先にやってしまう場合が多いです。

しかし、そこはあえて、2の「重要だけど、緊急でないこと」をぜひ優先させてみましょう。

重要なことというのは、将来につながることと考えます。これに対して緊急なことは、今の渇きを満たすためには大事かもしれませんが、将来に向けた活動ではない場合が多い。やはり人生、長期的に考えて、後になればなるほど良くなるようにしたいものです。それらを考え合わせると、2の「重要だけど、緊急でないこと」を優先させましょう。「重要だけど、緊急でないこと」を具体的に考えてみましょう。どんなものがあるでしょうか。

例えば、「スポーツ」などは、緊急性は全くありませんが、それをやることで健康を維持できるのであれば、「重要なこと」です。だから体育の授業などがあるのでしょう。緊急の仕事があるときも、スポーツを仕事の合間に挟んだりしてもいいはずです。私は、週に一度くらいですが、平日の午前中にテニスのレッスンに行くことがあります。もちろん、事務所に行けばやることはたくさんあり、急ぎの（緊急な）仕事もたくさんあるので、テニスに行くかどうか悩むことがあります。しかし、テニスは私にとって、運動をして健康を維持する（体重も増やさない）という意味で、とても重要なことです。だから、「体育の授業」だと思って行くことにしています。

他にも、「重要だけど、緊急でないこと」はたくさんあります。将来の計画を立てることとか、読書などもそうでしょう。また家族とか友人と過ごすことも、「重要だけど、緊急でないこと」かもしれません。それらを怠って、重要でないけど緊急なことばかりしていては、将来につながりません。

「緊急なこと」は、先ほども少し触れましたが、相手に緊急だと要求されていることが多いはずです。たとえば、「至急返事をください」などという連絡をもらったりすることがあります。でもよく考えてみてください。「至急」などというのは、相手の勝手な都合でしかありません。ただのわがままなのです。だから、それを真に受けて「急がなきゃ」などと思い、慌《あわ》ててやる必要はないのです。支障がない範囲でやればいいのです。

それを考えると、こちらから「至急お願いします」などということは言ってはいけないということになります。私は仕事上、「至急お願いします」などという言葉は使わないように気をつけています。

「重要だけど、緊急でないこと」が終わったら、「重要でない、緊急なこと」をやっていけばいいでしょう。また、4の「重要でも緊急でないこと」は、当たり前ですが全くやる必要などありません。

仕事やタスク、やることを分類するときに、この緊急度と重要度を使った分類法はなかなか役に立ちます。仕事を速くしたい人、将来を大事にしたい人は、ぜひ「重要度」を優先して考えるようにしてください。

POINT

目先の緊急な仕事にばかりとらわれず、将来につながる「重要なこと」を優先する。

5　一見無駄なことを〝意識して〟やるのも投資

「無用の用」という言葉をご存知でしょうか。

「無用の用」を、ネットの辞書で調べてみると、「一見無用とされているものが、実は大切な役割を果たしていること」と出てきました。こういった「無用の用」は、私たちの周りにも、非常に多くあります。

一見無用、無駄と思われていることをすることには、実はとても意味があります。私の周りの人でも、仕事が速い人とか、仕事がうまく行っている人は、必ず、はたから見て「無用」と思われることをやっているものです。

例えば、仕事とは関係のない本を読み漁ったり、映画や落語をほぼ毎日見に行ったり、「一日一新」と称して、これまでやったことのないことを毎日必ずやったりする人がいます。

これらのことは、仕事とは全く関係がないことも多く、ややもすると「無駄なことをして……」と思われがちです。日本の教育の根底にある、「人と同じことをする」「真面目に仕事をする」という考え方から見ても、あまり褒められたものではありません。でも、こういった「無用の用」が、仕事において力を発揮するのです。

もし仕事を速くしたいと思ったのならば、勉強をして、効率化を求め、ツールを使って、先人が培《つちか》ってきたノウハウを真似ながらやっていくのがいいでしょう。しかしそれだけでは、結局みんながやることと同じになってしまい、効率化したのにまだ飽き足らず「さらなる効率化」を求めたりして、きりがなくなってしまいます。

そうではなく、一見無用と思われることをやり、その無用の中から、仕事に通ずる法則みたいなものを編み出して、独自の効率化をしていけばいいのではないでしょうか。「無用の用」から得られることには限りがありません。無限の可能性が広がっています。例えば、映画のワンシーンでのセリフから、営業の極意を見つけ出すとか、新しく始めたスポーツから、「やったことのない事をマスターするまでの道のり」を再確認するとか、そんなことです（ほんの一部の例です）。

その業界独自の、効率的な仕事のやり方などを学ぶのが悪いとは思いませんが、それはみんながやることで、差別化できませんし、当たり前に整理されすぎた法則となりがちなので、広がりが生まれないのです。

仕事とは全く違うこととか、初めてやったことから得られるものは、想像以上に多いのではないかと思います。

ある保険の営業マンで、素晴らしい成績を上げている人の話を聞いたことがあります。その人は、「人と会うことが仕事だ」と言って、ものすごくたくさんの社長さんらと会っています。その一方で空いている日は、毎日毎日、海外も含めて色々なところに行って新しいことを経験しているそうです。「新しい体験をすることも仕事だ」とも言っていました。

新しい体験をすることで、それが話のネタや共通の趣味になり、社長さんたちとの会話が弾んだり、社長さんたちを新しい体験に引き込んだりして仲良くなり、契約をバンバン取っているそうです。

アクティブすぎて私には無理だ、と思いましたが、ものすごく共感できました。

確かに、人と会う回数を増やせば、確率論で契約も増えるかもしれません。しかし、体験を増やすことによって、その契約の率を上げるという作戦なのでしょう。また、その営業マンの人は、「新しい体験自体が楽しいからやめられない」とも言っていました。これは本音かもしれません。

はじめは営業のために開始した「新しい体験をすること」が、いつの間にか自分のためになっており、それがさらに人のためになり、その結果として仕事もうまく行く、ということなのでしょう。私はこの人の話を聞いて、感心しました。

みんなと同じ、当たり前のことをやるのは楽ですし、簡単です。一方で、「無用の用」をやるのは、それをやるための時間をつくったり、心の壁を取り払ったりするという意味でも大変なことです。しかし、それをやらなければ、人生に広がりとか深みが出ないことは事実でしょう。これまでやってきていなくても、これからやっていけばいいと思います。

私もこれから、新しいこととか、無駄なことを大事にしていこうと思います。

POINT

限りない可能性を持つ「無用の用」に時間を使うこと。

あとがき

「仕事が速い人の習慣」を紹介させていただきましたが、いかがでしたでしょうか。

中には、「当たり前のことを言って」とか、「そんなのわかっているよ」などと思う方もいらっしゃるかもしれません。確かに、目新しいことばかりではなく、「すでにわかっていること」が多いかもしれません。

しかし、どんなにわかっていたとしても、それを実行しているかというと、そうでない人も相当多いはずです。頭ではわかっていても、体を動かさないとか、実際にはやっていない。そんな人もたくさんいるはずです。

せっかくここまで本書を読んでくださった読者の方には、読み終わって本を閉じそれで終わらせるのではなく、ぜひ「実践」「実行」してもらいたいと思います。

まずは、本書にあるたった一つの事でもいいので、ぜひ実行してみてください。

最初はやってみてもなかなか上手くいかないことがあるかもしれません。そこですぐにやめるのではなく、少しでも手応えのあることであれば、「やり続ける」ことが、一番大事なのです。

やり続けることで何かが確実に変わってきます。そうして「仕事が速い人の習慣」が自分のものになってくると、仕事や勉強が効率よく進み、しかも質の高いものになっていきます。さらに、生活や人生そのものが楽しく充実したものになってくることが実感できるはずです。

やってみた人、前に進んだ人だけが何かを成し遂げることができると私は確信しています。それまで身についた生活習慣を少しでも変えるには、それなりの決意が必要かもしれません。しかし、小さなことからでよいので一歩一歩進めてみてください。本書のアドバイスのたった一つでも役に立ち、人生を少しでも変えるお手伝いができたら、私の目的はそこで達せられます。

最後に、このような本を書かないかと声を掛けてくださった廣済堂出版の野田さん、そして税理士事務所のお客様とスタッフ、家族ほか、いつもお世話になっている皆さんにお礼を述べたいと思います。ありがとうございました。

2014年9月

山本憲明

編集協力　矢島規男
編集統括　野田恵子（廣済堂出版）
DTP制作　三協美術
カバーイラスト　善養寺ススム

仕事が速い人の8つの習慣

2014年11月1日　第1版　第1刷

著　者　山本憲明
発行者　清田順稔
発行所　株式会社 廣済堂出版
〒104－0061　東京都中央区銀座 3－7－6
電話 03-6703-0964（編集） 03-6703-0962（販売）
Fax 03-6703-0963（販売）
振替 00180-0-164137
http://www.kosaido-pub.co.jp

印刷所
製本所　株式会社 廣済堂

装　幀　株式会社オリーブグリーン
ロゴデザイン　前川ともみ＋清原一隆（KIYO DESIGN）

ISBN978-4-331-51879-3 C2236